# 1日1分！
# TOEIC L&Rテスト
# 炎の千本ノック！
# パート5
# 徹底攻略

中村澄子

祥伝社

# は じ め に

　こんにちは。中村澄子です。

　この『千本ノック』シリーズは 2008 年から毎年出していて、今年で 13 年目になります。累計部数は 100 万部を超えています。

　前巻まではパート５の問題を 140 問、パート６の問題を４題 16 問掲載していましたが、本巻からはパート６の問題はやめて、パート５の問題だけに絞りました。その分問題数を増やして 150 問としています。パート５の重要性については稿を改めて４ページに書いていますので、そちらをご参照ください。

　５年前の改編以降、TOEIC テストは年々難易度が増しています。パート５では４割前後が語彙・イディオムの問題で、語彙問題では、ビジネス関連の英文で多用される語彙の出題も増えています。

　過去に出題された単語が出ることも少なくないのですが、そのような場合でもターゲットとなる語彙の空欄前後の表現が難しめになっていることもあります。単語の意味を１つしか覚えていない場合、一般的に使われる意味ではなくビジネスで使う特有の意味なので解けないという問題もあります。

　英文構造を少しひねっている問題が増えたせいで、英文が読めなければ問題のポイントに気づけないという問題も増えています。

　10 年ぶりに受けてみたら 150 点以上下がったという人は、少なくありません。

　しかし、大幅に点数をあげた教室生たちからは、「仕事で使える英文が多い」という声が大多数です。

　八重洲で教室を開いて 16 年になります。2020 年１月に始まったコロナ騒動で、教室運営にも支障が出ました。最初の緊急事態宣言

下の4月には1カ月近く休み、翌5月からオンライン授業を始めました。突然のことで準備も大変でした。公開 TOEIC テストも半年以上休止、そののちは抽選となり一時は抽選に外れる人が多く、TOEIC テスト自体が存亡の危機に陥りました。

企業も TOEIC テストどころではなく、今年は点数は見なしでいいという会社もあり、受講者自身のテストに対するモチベーションも下がったのではと思います。

今年（2021年）に入り少し落ち着きを取り戻しましたが、まだまだ大変です。

教室では人数制限をして半数に減らして運営しています。オンラインクラスも始めたため地方からの受講者も増えてはいますが、やはりオンラインも、受講者の9割は首都圏在住の方です。それだけ首都圏にある企業の方が TOEIC の点数をいろいろな場面で求めているのではと推測します。

コロナ禍でテレワークも増え、オンライン環境も急速に向上しました。私の教室でも、海外からオンライン受講をした方がこの1年で3～4名はいます。出張期間の3回だけタイのチェンマイから受講した方もいます。

テレワークが増えた分、人間らしい生活ができるようになったという声が教室生から上がっています。自宅での時間が増えた分、学習時間が確保しやすくなったはずです。

ワクチンが行き渡りコロナが少し収束をみせると、一部企業ではリストラが始まるのではと推測しています。安全圏と言われる800点を早めに出して、TOEIC テストは卒業し、そこで培った英語力を仕事で生かして欲しいと願っています。

# パート 5 は な ぜ 大 事 な の か ?

　TOEICテストは、7つのパートで構成された合計200の問題を2時間で解くテストです。

　リスニングセクション、リーディングセクションは各100問ずつで、それぞれのセクションは別々に点数が計算され、その合計点が全体の点数になります。基本に標準偏差があるので、1問何点で計算されるテストではありません。

　点数の計算上の仕組みから、リスニングセクションの方が点数は出やすいです。

　パート5はリーディングセクション全100問中、30問しかありません。しかし、高得点を取るためには、とても大事なパートです。

　パート5の英文が読めなければ、パート7の長文は読めません。パート7はパート5の英文のかたまりなのです。パート5が弱いまま放置をして、パート7の長文が読めるようになる、ということはありません。

　パート5とパート7ができればパート6はできます。私の教室生の中には、パート6は時間配分に気を付けただけで無勉強、ひたすらパート5とパート7の練習をしただけという人も多いです。

　パート6は全16問中、文挿入問題を除くと半分以上が語彙問題です。文法関連の問題は4割以下ですが、問われるポイントはパート5と似ています。

　パート5で出題されるポイントがパート6でも出る、パート6で出題されるポイントがパート5でも出る、なのです。

　また、文法のポイントを理解し、パート5の問題を頭からすらすら読めなければ、パート2、パート3、パート4のリスニング問題の英文を聞いても、理解できません。

　英語が嫌いな人の中には、文法の勉強を省いて単語だけで勝負しようとする人も少なからずいます。しかし、今のTOEICテストでは通用しません。

　パート2でさえ、設問文に関係代名詞や分詞を使った文が多用されています。TOEICテストは時間に追われて解かなければならないので、設問文や流れてくる英文を一瞬で理解する必要があります。パート7も同様で、大量の英文を短時間で読まなければならないため、戻り読みすることなく、頭からサクサク読んでいく必要があります。そのために、パート5で文法を押さえておくべきなのです。

　パート5自体の問題数はリーデイングセクションの3割でしかありませんが、英語力の弱い人が文法の基礎を固め、英文を読む練習をする際のスタートとして有効です。

　仕事でメールを書く際にも、パート5の学習を通して習得すべき文法事項や語彙は最低必須要件です。最近のテストでは、パート5で出題される語彙の中にもビジネス語彙が増えています。

　そのような意味から、パート5の問題は重要なのです。本書で、パート5を徹底的に攻略しましょう！

# この本の使い方

できたら○、できなかったら×をつけましょう。繰り返し学習に便利です。

## 第 1 問

できたら…○
できなかったら…×

**次の選択肢の中から正しいものを選びなさい。**

Our recently constructed assembly plant is cared for (     ) because it was built to comply with the latest environmental regulations.

(A) different
(B) differences
(C) differentiation
(D) differently

TOEIC テストを毎回受験している著者が、最新の出題傾向を踏まえて作成しました。さまざまな難易度の問題が次々と出てくる、TOEIC テストの「千本ノック」です。最後までついてきてください。

### 単 語 の 意 味

recently [ríːsntli]····················最近、近ごろ
assembly plant···················組み立て工場
care for 〜·······················〜の手入れをする、世話をする
comply with 〜··················〜に従う、沿う
latest [léɪtɪst]·····················最新の
regulation [règjəléɪʃən]··········規制、規則

おさえておきたい重要単語に、発音記号と和訳がついています。

めくると

★················· 絶対に正解したい基本的な問題です。
★★················ かなりやさしい問題です。
★★★·············· 標準的な難しさの問題です。
★★★★··········· かなり難しい問題です。
★★★★★········· 超難問です。

**答え** (D) differently 　　　　　　難易度…★★★★

### 解説

副詞の問題です。

選択肢に似た形の単語が並んでいるので、品詞問題かもし[れな]いと考えます。品詞問題の場合、空欄前後が重要になりま[す。]

ただし、この問題は「品詞問題は空欄前後のチェックだけ[で解]ける」と思い込んでいる人をひっかけようと作成された問[題で]す。空欄前は前置詞 for なので、前置詞に続く名詞である(B) differences や(C)differentiation を間違って選んでしまうので[す。]

空欄前の動詞部分が is cared for と受動態になっています。care for は「〜の手入れをする、世話をする」という意味の句動詞です。動詞を修飾するのは副詞なので、副詞である(D)の differently「異なって、違って」が正解です。名詞か副詞かで迷ったときは、確認のためにもう一度英文を読んで文意が通るのはどちらかを考えましょう。

副詞は動詞、形容詞、他の副詞、副詞句、節、文全体を修飾します。

### 訳

少し前に建設された当社の組み立て工場は、最新の環境基準に準拠して建てられているため、手入れの方法が異なります。

間違えやすいポイントや TOEIC のトリックについて、詳しく説明しています。文法知識の整理に最適です。

標準的な日本語訳を示しています。

**TOEIC テスト
の筋トレ1**　　品詞問題だからという理由で空欄前後しかチェックしないと間違えてしまう問題もあります。要注意！

その問題から学べるスコアアップのための知識を短くまとめています。ここだけ読んでも力がつきます。

# Contents

編集協力　岩崎清華／土井内真紀／柳田恵子／マーク・トフルマイア　　ブックデザイン　井上篤(100mm deisgn)

※本書の発音記号は、主に『ジーニアス英和辞典』(大修館書店)を参考にしています。

# 全問題文が
# スマホ・パソコンから
# 無料で聴けます

## スマホの場合

❶ お持ちのスマートフォンにアプリをダウンロードしてください。
ダウンロードは無料です。

QRコード読み取りアプリを起動し、
右のQRコードを読み取ってください。
QRコードが読み取れない方はブラウザから、
https://www.abceed.com/にアクセスしてください。

❷ 「中村澄子」で検索してください。

❸ 中村澄子先生の著作リストが出てきます。
その中に本書もありますので、音声をダウンロードしてください。
有料のコンテンツもあります。

## パソコンの場合

❶ 下記サイトにアクセスしてください。
https://www.abceed.com/

❷ 表示されたページの下にある
「利用を開始する」をクリックしてください。

❸ 指示にしたがってプロフィールを登録してください。

❹ 「中村澄子」で検索してください。

❺ 中村澄子先生の著作リストが出てきます。
その中に本書もありますので、音声をダウンロードしてください。
有料のコンテンツもあります。

〈ご注意〉
・音声ファイルの無料ダウンロードサービスは、予告なく中止される場合がございますので、
ご了承ください。
・本サービスへのお問い合わせは Abceed にお願いします。サイト内に「お問い合わせ
フォーム」がございます。

# 「鉄は
# 熱いうちに打て」

**30**問

勉強を始めるベストタイミングは、
いつでしょう？
それは「やらなくちゃ」と思った時です。
試験の点数が悪かった時。
会社で必要になった時。
そしてこの本を手にした時。
そう、今です。さあ、はじめましょう。

# 第 1 問

次の選択肢の中から正しいものを選びなさい。

Our recently constructed assembly plant is cared for (　　) because it was built to comply with the latest environmental regulations.

(A)　different

(B)　differences

(C)　differentiation

(D)　differently

---

### 単 語 の 意 味

**recently** [ríːsntli]······················最近、近ごろ
**assembly plant**··················組み立て工場
**care for ～**······························～の手入れをする、世話をする
**comply with ～**······················～に従う、沿う
**latest** [léitist]··························最新の
**regulation** [règjəléiʃən]············規制、規則

**解説**

副詞の問題です。

選択肢に似た形の単語が並んでいるので、品詞問題かもしれないと考えます。品詞問題の場合、空欄前後が重要になります。

ただし、この問題は「品詞問題は空欄前後のチェックだけで解ける」と思い込んでいる人をひっかけようと作成された問題です。空欄前は前置詞 for なので、前置詞に続く名詞である(B) differences や(C) differentiation を間違って選んでしまうのです。

空欄前の動詞部分が is cared for と受動態になっています。care for は「〜の手入れをする、世話をする」という意味の句動詞です。動詞を修飾するのは副詞なので、副詞である(D)の differently「異なって、違って」が正解です。名詞か副詞かで迷ったときは、確認のためにもう一度英文を読んで文意が通るのはどちらかを考えましょう。

副詞は動詞、形容詞、他の副詞、副詞句、節、文全体を修飾します。

**訳**

少し前に建設された当社の組み立て工場は、最新の環境基準に準拠して建てられているため、手入れの方法が異なります。

**TOEIC テスト の筋トレ 1**　品詞問題だからという理由で空欄前後しかチェックしないと間違えてしまう問題もあります。要注意！

# 第2問

次の選択肢の中から正しいものを選びなさい。

Due to a scheduling conflict, the invited guest speaker (　　) declined our offer to present at next month's conference.

(A) precisely

(B) politely

(C) moderately

(D) relatively

---

### 単語の意味

**due to ～**……………………～のせいで、～が原因で
**scheduling conflict**……………スケジュールの調整がつかないこと
**decline** [dıkláın]………………～を断る、辞退する
**present** [prɪzént]………………発表する

**解 説**

**適切な意味の副詞を選ぶ問題です。**

選択肢にはさまざまな副詞が並んでいるので、適切な意味の副詞を選ぶ問題だとわかります。英文の意味を考えて文意に合う副詞を選ばなければならないので、語彙問題に似ています。

空欄直後の declined「断った」が大きなヒントになります。力がある人は (　) declined 部分をチェックするだけで正解が(B)の politely「**丁寧に**」だとわかります。decline には「(丁寧に)断る」という意味があります。politely decline「**丁重に断る**」という表現はよく使われます。

decline は他にも「下落する、下降する」という意味があり、この意味でしか知らない人は間違えます。

確認のために英文の意味をチェックします。
「招待されていたゲストスピーカーは、来月の会議での発表をするというオファーをスケジュール調整がつかないために丁重に断った」となり、文意は通ります。

(A)precisely「正確に、精密に」、(C)moderately「適度に、穏やかに」、(D)relatively「比較的に、相対的に」では、どれも文意が通りません。

**訳**

招待されていたゲストスピーカーは、来月の会議での発表をするというオファーをスケジュール調整がつかないために丁重に断りました。

**TOEIC テスト
の筋トレ 2**　　　politely decline で「丁重に断る」という意味になり、よく使われる表現です。

# 第3問

次の選択肢の中から正しいものを選びなさい。

The most (　　) part of participating in the volunteer event is seeing the appreciation of those who benefit from the program.

(A) rewardless

(B) rewarded

(C) rewarding

(D) rewards

---

### 単 語 の 意 味

**participate in ～**……………………～に参加する
**appreciation** [əprìːʃiéɪʃən]………感謝、高い評価
**those who ～**………………………～である人々、～する人々
**benefit** [bénəfɪt]……………………利益を得る、得をする

**解説**

形容詞の問題です。

選択肢に似た形の単語が並んでいるので、品詞問題かもしれないと考えます。品詞問題の場合、空欄前後が重要になります。

この英文の主語は The most (  ) part で、of participating in the volunteer event 部分は〈前置詞＋名詞句〉という修飾語です。

動詞は be 動詞の is で、seeing 以降が is の補語になっています。
**主語になるのは、名詞か名詞句です。**The most (  ) part が名詞句になるには、空欄には**名詞 part を修飾する形容詞が入る**はずです。したがって、正解になりうるのは形容詞である(C) の rewarding「やりがいのある、報われる」か、(A)の rewardless「報いのない、無駄骨の」です。しかし、rewardless は rewarding と逆の意味になり、文意が通りません。したがって、(C)の rewarding が正解です。

空欄前が The most という形になっているのは、形容詞 rewarding が最上級の形になっているからです。
空欄前後に最上級や比較級が使われていても、惑わされないようにしましょう。

**訳**

ボランティア活動に参加する上で最もやりがいを感じるのは、プログラムが人々の役に立ち、感謝してもらえたときです。

**TOEIC テスト
の筋トレ 3**　　名詞を修飾するのは形容詞です。rewarding は「やりがいのある、報われる」という意味の形容詞です。

第**4**問

次の選択肢の中から正しいものを選びなさい。

( ) merchandise along the production line is an important job that requires each worker's full attention at all times.

(A) Inspecting

(B) Inspection

(C) Inspected

(D) Inspect

---

### 単 語 の 意 味

**merchandise** [mə́ːrtʃəndàɪz] …… 製品、品物
**along** [əlɔ́ːŋ] ………………………… ～に沿って、～づたいに
**production line** ………………… 生産ライン
**at all times** ………………………… 常に、いつも

**解 説**

動名詞の問題です。

この英文の主語は( ) merchandise along the production line で、動詞部分は be 動詞の is です。

主語になるのは名詞か名詞句なので、( ) merchandise along the production line 部分は名詞句になるはずです。この部分を名詞句にするには、動名詞である(A)の Inspecting を入れます。そうすれば正しい英文になります。

動名詞は、動詞を〜 ing 形にすることで名詞的な役割を持たせたもので、「〜すること」という意味になります。したがって、動名詞は文の主語や補語や目的語になります。この英文では主語になっています。

動名詞関連の問題では、他にも前置詞に続く動名詞や、他動詞に続く目的語としての動名詞が問われる場合もあります。

**訳**

生産ラインでの検品は、各作業員が常に細心の注意を払う必要のある重要な仕事です。

　　　動名詞は、動詞を〜 ing 形にすることで名詞的な役割を持たせたものです。

# 第5問

次の選択肢の中から正しいものを選びなさい。

So far this year, more solar panels (　　) by residential property owners than in any previous period.

    (A)　are purchased

    (B)　have been purchased

    (C)　were purchasing

    (D)　to purchase

---

### 単 語 の 意 味

**so far** ················· 今までのところ
**solar panel** ················· 太陽光パネル
**residential** [rèzədénʃəl] ········· 住居の、居住の
**property** [prɑ́:pərti] ··············· 所有地、地所、不動産
**previous** [prí:viəs] ················· 以前の、前の

**解説**

現在完了形の問題です。

選択肢には動詞 purchase のさまざまな形が並んでいます。
この問題の場合、ヒントは文頭の So far this year という表現です。「今年これまでのところ」という意味になり、現在と過去をつなげて期間を表しています。
**現在と過去をつなげて今の状況を表す場合、つまり期間がある場合には現在完了形を使います。** また、この英文の主語は more solar panels なので、「太陽光パネル」が売られたと受動態にならなければなりません。
現在完了形で受動態になっているのは、(B) の have been purchased だけです。
現在完了形には「完了・結果」、「経験」、「継続」の用法がありますが、これは「継続」の問題です。継続を表す場合の重要なポイントは、現在とかかわりがあり、かつ期間があるという点です。
「完了・結果」、「経験」、「継続」の中で、パート5で最も出題が多いのは、「継続」の問題です。
今まではヒントが over the past two years「過去2年間にわたって」とか、for the past two decades「過去20年間」のような、もう少し簡単な表現でした。
この問題の場合、so far this year の意味がわからなければ、正解できません。

**訳**

今年に入りこれまでのところ、今までのどの期よりも多くの太陽光パネルが住宅所有者により購入されました。

**TOEIC テスト
の筋トレ5**
動詞関連の問題では複数のポイントを組み合わせた問題も少なくないので、「消去法」が有効です。

できたら…○
できなかったら…×

次の選択肢の中から正しいものを選びなさい。

SafePark Inc. is an innovative company that operates parking lots all over the city with (　　) well below the market average.

(A) price

(B) priced

(C) prices

(D) pricing

---

### 単 語 の 意 味

**innovative** [ínəvèɪtɪv] ················· 革新的な、想像力に富む
**operate** [ά:pərèɪt] ····················· ～を運営する、経営する
**parking lot** ···························· 駐車場

## 解 説

名詞の問題です。

空欄直前の with は前置詞です。**前置詞の後ろに続くのは名詞か名詞句**です。選択肢はすべて一語なので、空欄には名詞が入ります。

選択肢の中で、名詞は(A)の price と (C)の prices です。
単数形の price が正解であれば直前に冠詞の a か the があるはずですが、ありません。したがって、(C)の prices が正解です。

時間がない中で急いで解くため、他の選択肢をチェックすることなく(A)の price を選んで間違える人がいます。**名詞の問題では選択肢に名詞が2つ以上あることも多いので、必ず他に名詞がないかどうかチェックしましょう。**

ちなみに空欄直後の well は below the market average〈前置詞＋名詞〉という副詞句を修飾する副詞です。

## 訳

セーフパーク社は市場平均を大幅に下回る価格で市内全域に駐車場を展開する画期的な企業です。

# 第7問

次の選択肢の中から正しいものを選びなさい。

It has become difficult to make a reservation at Amy's Cafe (      ) since the restaurant was featured in the magazine *Diner's Delights*.

- (A) ever
- (B) any
- (C) immediately
- (D) whenever

---

### 単語の意味

**difficult** [dífikəlt] ························ 難しい、困難な
**make a reservation** ············· 予約する
**feature** [fíːtʃər] ························ ～の特集を組む、～を特ダネにする

### 解 説

適切な意味の副詞を選ぶ問題です。

(A)の ever は副詞、(B)の any は形容詞や代名詞、副詞、(C)の immediately は副詞、(D)の whenever は複合関係詞です。

まず、英文の意味を考えます。
空欄前までで「エイミーズ・カフェの予約を取るのが難しくなった」と言っています。
空欄後の接続詞 since 以降では「『ダイナーズ・ディライツ』誌で特集されて以来」と言っています。

空欄部分がなくても英文の意味はつながります。つまり、空欄には直後に置かれた since に意味を加える語が入るのではないかとわかります。

since に副詞の ever「ずっと」を付けて ever since とすると「～以来ずっと」という意味になり、「ずっと」という点を強調することができます。したがって、(A)の ever が正解です。

### 訳

『ダイナーズ・ディライツ』誌で特集されて以来ずっと、エイミーズ・カフェの予約を取るのが難しくなりました。

**TOEIC テスト
の筋トレ7**　ever since と since に ever を付けると「(～以来) ずっと」という意味になり、「ずっと」という意味を強調します。

# 第8問

次の選択肢の中から正しいものを選びなさい。

The Dalton Art Exhibition will be displayed only in ( ) that meet the owner's strict security requirements.

    (A)  collaboration

    (B)  elimination

    (C)  reputation

    (D)  venues

---

### 単 語 の 意 味

**display** [dɪspléɪ]·····················～を展示する、表示する
**strict** [stríkt]·····························厳しい、厳重な
**security** [sɪkjúərəti]···············セキュリティー、警備、防犯
**requirement** [rɪkwáɪərmənt]·····要件、必要条件

## 解説

語彙問題です。

語彙問題は英文を読み、全体の意味を考えなければなりません。

「ダルトン美術展は、所有者の厳格なセキュリティー要件を満たす〜でのみ展示される」という英文で、「〜」部分に何を入れればいいのかを考えます。

(D)の venues「会場、開催地」であれば、文意が通ります。簡単な単語で言い換えれば、place です。venue のように、パート7で頻繁に使われていた少しフォーマルでビジネスでもよく使われる単語の、パート5での出題が増えています。身に付ける語彙の幅を少しフォーマルなものにまで広げましょう。

(A)collaboration「協力、協調」、(B)elimination「除外、削除」、(C)reputation「評判、世評」では、文意が通りません。

### 訳

ダルトン美術展は、所有者の厳格なセキュリティー要件を満たす会場でのみ展示されます。

---

**TOEIC テストの筋トレ8**

パート7で頻繁に使われていた少しフォーマルでビジネスでもよく使われる単語の、パート5での出題が増えています。

できたら…○
できなかったら…×

次の選択肢の中から正しいものを選びなさい。

InterEU Air passengers are kindly reminded that Flight #231 (　　) for Paris promptly at 7:00 P.M. from Gate 27.

    (A)　to leave

    (B)　leaving

    (C)　is leaving

    (D)　leave

---

### 単 語 の 意 味

**passenger** [pǽsəndʒər]…………乗客
**kindly** [káɪndli]…………………どうか～、心から
**remind** [rɪmáɪnd]………………～に気付かせる、思い出させる
**promptly** [prάːmptli]……………ちょうど、きっかり

## 解説

動詞の形を問う問題です。

選択肢には動詞 leave「出発する」のさまざまな形が並んでいます。
動詞関連の問題では複数のポイントを組み合わせた問題も少なくないので、「消去法」が有効です。

are reminded の目的語は、reminded に続く that 節(that S +V)です。that 節内の S（主語）にあたるのが Flight #231 で、空欄には動詞部分が入るはずです。

(A)は to 不定詞なのでここでは使えません。(B)は現在分詞なので is が必要ですし、動名詞であれば that 節内での動詞がないということになり、文法的に成立しません。主語は Flight #231 なので、(D)には三人称単数現在の場合の -s が必要です。したがって(D)でもありません。

残った(C)の is leaving が正解です。現在進行形が使われていますが、**現在進行形は近い未来の予定や計画を表すことができます**。

## 訳

インター EU エアにご搭乗のお客様にお知らせいたします。231 便は 27 番ゲートより午後 7 時ちょうどにパリへ向けて出発します。

---

**TOEIC テスト
の筋トレ 9**　　　現在進行形は近い未来の予定や計画を表すことができます。

できたら…○
できなかったら…×

次の選択肢の中から正しいものを選びなさい。

Page three of the contract (　　) that all construction work must be conducted between the hours of 9 A.M. and 6 P.M.

    (A)  assumes

    (B)  states

    (C)  forecasts

    (D)  endures

---

#### 単 語 の 意 味

**contract** [kάːntrækt]…………… 契約、契約書
**construction work**…………… 建設工事
**conduct** [kəndʌ́kt]………………… 〜を行う、実施する

**解説**

適切な意味の動詞を選ぶ問題です。

適切な意味の動詞を選ぶ問題は語彙問題と同じで、英文を読んで、全体の意味を考えなければなりません。

「契約書の３ページ目に、建設工事は午前９時から午後６時の間に全て行わなければならないと～」という英文で、「～」部分にどの動詞を入れれば文意が通るかを考えます。

文意が通るようにするには「述べている、書いている」のような意味の動詞が入るとわかります。したがって、(B)の states「～を述べる、記載する」が正解です。

名詞の statement「声明、記述」は半ば日本語になっているので、state が正解ではないかと推測できるはずです。

選択肢には全て三人称単数現在の -s が付いています。(A)の assume「～と仮定する、～を引き受ける」、(C)の forecast「～を予想する、予測する」、(D)の endure「～に耐える」では、文意が通りません。

**訳**

契約書の３ページ目に、建設工事は午前９時から午後６時の間に全て行わなければならないと述べられています。

**TOEIC テスト
の筋トレ 10**　　適切な意味の動詞を選ぶ問題は、英文の全体の意味を
考えなければなりません。

第11問

次の選択肢の中から正しいものを選びなさい。

The government has decided to (　　) visa restrictions in order to make the country more accessible to foreign tourists.

(A) be lost

(B) loosing

(C) loosed

(D) loosen

---

### 単 語 の 意 味

**decide** [dısáıd]·························（～すること）に決める
**restriction** [rıstríkʃən]··············規制
**in order to ～**··························～するために
**make A B**·····························A を B の状態にする
**accessible** [æksésəbl]···········アクセスしやすい

### 解 説

動詞の形を問う問題です。

(A)は loose の受動態（過去分詞）、(B)は loose の ing 形、(C)は loose の ed 形、(D)は loosen（動詞の原形）です。

動詞関連の問題では、まず主語をチェックします。

主語が the government で、動詞が has decided です。to（　）visa restrictions 部分が動詞の目的語になるはずです。**目的語になるのは名詞か名詞句なので、この to は to 不定詞（to＋動詞の原形）の to だとわかります。**
ここで使われているのは to 不定詞の名詞的用法で、to の後ろには動詞の原形が続き、「〜すること」という意味になるはずです。

選択肢の中で動詞の原形は(A)の be lost と(D)の loosen です。ここでは「ビザの規制を緩めること」という意味になるはずだとわかるので、(D)の loosen が正解です。(A)の be lost は受動態なので、ここでは使えません。

loosen を他動詞として使う場合、**「〜を緩める、解放する」**という意味になります。

### 訳

政府は、外国人観光客が訪れやすい国にするために、ビザの規制を緩めることに決めました。

# 第12問

次の選択肢の中から正しいものを選びなさい。

Jan Lee, a member of the research and development department, has consistently demonstrated an ability to lead the team (　　).

(A) she

(B) her

(C) herself

(D) hers

---

### 単 語 の 意 味

**research and development**⋯⋯研究開発
**consistently** [kənsístəntli]⋯⋯⋯⋯⋯一貫して、常に
**demonstrate** [démənstrèit]⋯⋯⋯⋯〜をはっきり示す、明示する
**ability** [əbíləti]⋯⋯⋯⋯⋯⋯⋯⋯⋯⋯⋯能力、手腕

**解説**

再帰代名詞の問題です。

主語が Jan Lee で、動詞が has demonstrated で、目的語が an ability to lead the team (　) の部分です。

語尾に -self が付く代名詞を「再帰代名詞」と言います。「自分で、自ら」という意味を強調する場合に使います。

この英文でも Jan Lee「自ら」という意味を強調するために、再帰代名詞を使っているのです。空欄に入るのは Jan Lee を指す her に -self を付けた、(C)の herself が正解です。

再帰代名詞は、意味を強める語（名詞や代名詞）、この英文の場合は Jan Lee の直後に置くのが原則ですが、口語英語では文末に置いて使われることも多いです。この問題は口語英語の文末に置いて使う形での出題です。

TOEIC テストには両方とも出題されますが、最近はどちらかというと意味を強める語の直後に置く形での出題の方が多いです。しかし、この問題のように、文末に置く形での出題もあります。どちらの形で出題されても、正解できるようにしましょう。

**訳**

研究開発部門の一員であるジャン・リーさんは、自らチームを統率する能力を一貫して示してきました。

**TOEIC テスト
の筋トレ 12**

「自分で、自ら」という意味を強調するには、再帰代名詞（-self が付く代名詞）を使います。意味を強める語（名詞や代名詞）の直後に置くのが原則ですが、口語英語では文末に置いて使われることも多いです。

# 第13問

次の選択肢の中から正しいものを選びなさい。

Letters have been mailed out to museum membership holders asking for (　　) to the upcoming renovation project.

(A) contributions

(B) finances

(C) remedies

(D) exceptions

---

### 単 語 の 意 味

**mail out**······························〜を一斉に送る
**museum** [mju(ː)zíːəm]··············美術館、博物館
**ask for 〜**·····························〜を求める、要求する
**upcoming** [ʌ́pkʌ̀mɪŋ]················来たる、近づきつつある
**renovation** [rènəvéɪʃən]··········改修、修繕

**解 説**

語彙問題です。

語彙問題は英文を読み、全体の意味を考えなければなりません。

「来たる改修計画への〜を求める手紙が美術館の会員宛てに一斉に郵送された」という英文で、「〜」部分に何を入れればいいのかを考えます。

(A)の contributions「寄付」であれば、文意が通ります。
アメリカの社会は寄付で成り立っているので、寄付に関する話は TOEIC テストでも頻繁に出題されます。

contribution は他にも「貢献、寄与、寄稿」など、さまざまな意味で使われます。「貢献」という意味でしか覚えていない人も多いです。一つの単語にはさまざまな意味があることを意識しましょう。

(B)finances「財務、金融」、(C)remedies「救済策、治療」、(D)exceptions「例外、除外」では、どれも文意が通りません。

**訳**

来たる改修計画への寄付を求める手紙が美術館の会員宛てに一斉に郵送されました。

---

**TOEIC テスト
の筋トレ 13**

アメリカ社会は寄付で成り立っているので、寄付に関する語は TOEIC テストでも頻出です。

# 第14問

次の選択肢の中から正しいものを選びなさい。

Providing top quality service at affordable prices is (　　) matters the most to the dedicated staff at William's Coffee.

- (A) that
- (B) what
- (C) whichever
- (D) all

---

### 単 語 の 意 味

**provide** [prəváid]······················〜を提供する、供給する
**affordable** [əfɔ́:rdəbl]··············· 手頃な
**matter** [mǽtər]························· 大切である、問題となる
**dedicated** [dédəkèitid]············· ひたむきな、熱心な、献身的な

## 解説

関係代名詞の問題です。

選択肢には(D)の all 以外、さまざまな関係代名詞が並んでいます。したがって、関係代名詞の問題ではないかと考えます。

文全体の主語が Providing top quality service at affordable prices で、動詞が is です。さらに空欄の後ろに、matters という動詞が来ているので、空欄には主格の関係代名詞が入ると分かります。

先行詞がないことから、正解は(B)の what だと分かります。(C)の whichever「〜するどれでも」も後ろに動詞を続けて使うことができますが、whichever では文意が通りません。

関係代名詞 what は、the thing(s) which ... で書き換えることのできる、先行詞を含んだ関係代名詞です。そのため what が答えになるときは、先行詞がなく、後ろが主語や目的語の抜けた不完全文になることに注意しましょう。

この英文を the thing を使って書き換えると、Providing top quality service at affordable prices is the thing which matters the most to 〜となります。

### 訳

ウィリアムズ・コーヒーのひたむきなスタッフにとって何より大切なのは、最高品質のサービスを手頃な価格で提供することです。

---

**TOEIC テスト
の筋トレ 14**　　関係代名詞の問題で、先行詞がなく、空欄の後ろが不完全文のときは、what を選びましょう。

# 第15問

次の選択肢の中から正しいものを選びなさい。

Clean and Seal is an industrial-strength floor cleaner produced from a cutting-edge synthetic ( ) that protects surfaces.

(A) substantive

(B) substances

(C) substance

(D) substantially

---

### 単 語 の 意 味

**industrial** [ɪndʌ́striəl]·············· 工業の、産業の
**strength** [stréŋkθ]···················· 強度、強さ
**produce** [prəd(j)úːs]················ ～を製造する、生産する
**cutting-edge**·························· 最先端の
**synthetic** [sɪnθétɪk]················· 合成の、人工の
**surface** [sʌ́ːrfəs]······················ 表面

**解説**

名詞の問題です。

選択肢の形が似ているので、品詞問題かもしれない、と考えましょう。品詞問題の場合、空欄前後が重要になります。

空欄とその直前の a cutting-edge synthetic は前置詞 from に続いているので、名詞句になるはずです。

cutting-edge も synthetic も形容詞です。ともに空欄の部分を修飾しています。**形容詞が修飾するのは名詞**なので、正解は(B)の substances か(C)の substance だとわかります。(A)の substantive は通常、形容詞として使いますが、文語だと「名詞（相当語句）」という名詞としての用法もあります。しかし、ここでは、文意が通りません。(D)の substantially は副詞です。

空欄後の that の後ろには動詞 protects が続いているので、この that は関係代名詞の主格の that だとわかります。したがって、空欄に入るのは、関係代名詞 that の先行詞のはずです。動詞に protects と三人称単数現在の -s がついているので、空欄に入るのは単数名詞である(C)の substance だとわかります。

あわてて解くと、間違って複数名詞である(B)の substances を選んでしまいます。そこを狙ったひっかけ問題です。

**訳**

クリーンアンドシールは、表面を保護する最先端の合成物質から生まれた業務用の床洗浄剤です。

**TOEIC テスト
の筋トレ 15**　　　関係代名詞 that が出てきたら、that に続く動詞をチェック。三人称単数現在の場合の -s がついている場合は、先行詞は単数名詞です。

# 第16問

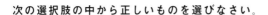

次の選択肢の中から正しいものを選びなさい。

Once the mayor explained why a tax increase was necessary, the response from local residents had changed almost ( ).

(A) completed

(B) completion

(C) complete

(D) completely

---

### 単 語 の 意 味

**once** [wʌns] ······················ ～するとすぐに、いったん～すると
**mayor** [méɪər] ······················ 市長
**tax increase** ······················ 増税
**response** [rɪspɑ́:ns] ·············· 反応、応答
**resident** [rézədənt] ·············· 住民、住人
**almost** [ɔ́:lmoust] ················ ほぼ、ほとんど

## 解 説

副詞の問題です。

選択肢に似た形の単語が並んでいるので、品詞問題かもしれないと考えます。品詞問題の場合、空欄前後が重要になります。

空欄の少し前に had changed という過去完了の動詞があります。
**動詞を修飾するのは副詞なので**、副詞である(D)の completely「完全に、十分に」を選べば正しい英文になります。

簡単な問題ですが、力がない人を惑わせようと意図的に空欄直前に副詞の almost を置いています。空欄に動詞を修飾する completely という副詞が入り、その副詞を修飾する副詞である almost「ほぼ、ほとんど」が空欄前に置かれているのです。力がないと副詞が2つ続くはずがないと考えて、別の選択肢を選んでしまいます。

**副詞は動詞、形容詞、他の副詞、副詞句、節、文全体を修飾します。**

completely は「適切な意味の副詞を選ぶ問題」としても出題されますので、意味も一緒に覚えておきましょう。
291ページに掲載の、副詞の sympathetically を選ぶ問題と同種の問題です。

### 訳

市長がなぜ増税が必要かを説明するとすぐに、地元住民からの反応がほぼ完全に変わりました。

---

**TOEIC テスト
の筋トレ16**　　副詞を修飾するのは副詞なので、almost completely と
　　　　　　　　副詞が2つ続くこともあります。

# 第17問

次の選択肢の中から正しいものを選びなさい。

Before the final version of the contract is printed, an additional meeting has been scheduled to ( ) any remaining uncertainties.

(A) allow

(B) clarify

(C) reply

(D) install

---

### 単 語 の 意 味

**final** [fáɪnl]······························最終の、最後の
**contract** [kάːntrækt]···············契約書、契約
**additional** [ədíʃənl]·················追加の
**be scheduled to ～**···············～する予定になっている
**remaining** [rɪméɪnɪŋ]···············残った、残りの
**uncertainty** [ʌnsə́ːrtnti]···········不確定要素、不確実なこと（もの）

**解説**

適切な意味の動詞を選ぶ問題です。

適切な意味の動詞を選ぶ問題は語彙問題と同じで、英文を読んで、全体の意味を考えなければなりません。

「契約書の最終版が印刷される前に、残っている不確定要素を〜ために追加の会議が予定されている」という英文で、「〜」部分にどの動詞を入れれば文意が通るかを考えます。

(B)の clarify「〜を明確にする、はっきりさせる」であれば、文意が通ります。

clarify は let me clarify 〜「〜を明らかにさせてください」や I would like to clarify 〜「〜を明らかにしたいのです」のように会議などで頻繁に使われる動詞です。

(A)allow「〜を許可する、可能にする」、(C)reply「(〜に) 返事をする、答える」、(D)install「〜を設置する、取り付ける」では文意が通りません。

**訳**

契約書の最終版が印刷される前に、残っている不確定要素を明確にするために追加の会議が予定されています。

**TOEIC テスト
の筋トレ 17**

clarify は「〜を明確にする、はっきりさせる」という意味の動詞です。覚えておけば、会議で重宝します。

# 第18問

次の選択肢の中から正しいものを選びなさい。

Each journal contributor will be allowed to submit up to three pages for the publication, (　　) graphs and illustrations.

(A) considering

(B) excluding

(C) embedded

(D) regarding

---

### 単 語 の 意 味

**journal** [dʒə́:ɾnl]·····················専門誌、機関紙、定期刊行物
**contributor** [kəntríbjətəɾ]········寄稿者、寄付者
**allow** [əláu]······························〜を許可する、許す
**submit** [səbmít]·························〜を投稿する、提出する
**up to 〜**·································最大［最高］で〜まで
**publication** [pÀbləkéɪʃən]·········出版物、出版

**解説**

前置詞の問題です。

選択肢をチェックすると(C)の embedded「埋め込まれた」以外は前置詞なので、前置詞の問題ではないかと考えます。

前置詞の問題の場合、空欄前後をチェックするだけで解けるものもありますが、この問題は少し長めに英文を読まなければなりません。

「専門誌の寄稿者は各自、グラフと図〜3ページまで投稿することができる」と言っています。この英文でどの前置詞であれば文意が通るかを考えます。

この「〜」部分に入れて文意が通るのは、(B)の excluding「〜を除いて」だけです。

ちなみに、(A)considering は「〜のわりには」、(D)regarding は「〜に関して」という意味です。

excluding の反意語の including「〜を含めて」も頻繁に出題されます。一緒に覚えましょう。

**訳**

専門誌の寄稿者は各自、グラフと図を除き、3ページまで投稿することができます。

**TOEIC テスト
の筋トレ 18**　　　excluding は「〜を除いて」という意味の前置詞です。

できたら…○
できなかったら…×

次の選択肢の中から正しいものを選びなさい。

The Harrisville Community Center hosts a series of business training programs every weekend and is popular with (　　) who are eager to start their own company.

(A) them

(B) some

(C) they

(D) those

---

**単 語 の 意 味**

**host** [hóust]·····················〜を主催する
**a series of** 〜·····················一連の〜、ひと続きの〜
**be eager to** 〜·····················しきりに〜したがっている

**解説**

代名詞の問題です。

この問題の場合、空欄直後に置かれた関係代名詞の who が大きなヒントになります。

空欄に代名詞の those「（一般的な）人々［物］」を入れると、those who are eager to start their own company で「自分自身の会社を立ち上げたいと思っている人々」となり、意味がつながります。

those who 〜で、「〜である人々」という意味になり、よく使われる表現です。TOEIC 頻出問題の１つでもあります。

those は代名詞以外にも「それらの、あの」という形容詞としての用法もあり、形容詞としてもよく使われます。

**訳**

ハリスビル・コミュニティーセンターは一連の研修プログラムを毎週末開催しており、自分自身の会社を立ち上げたいと思っている人々に人気があります。

できたら…○
できなかったら…×

次の選択肢の中から正しいものを選びなさい。

Working in the industry for a minimum of ten years is seen as a critical step (　　) being admitted onto the board of directors.

(A) upon

(B) since

(C) after

(D) toward

---

### 単 語 の 意 味

**industry** [índəstri] ···················業界、産業
**minimum** [mínɪməm] ···············最低限、最小限
**critical** [krítɪkl] ·························重要な、決定的な
**step** [stép] ································ステップ、一歩、段階
**admit** [ədmít] ···························~を入れることを許す、承認する
**the board of directors** ········理事会、取締役会

難易度… ★ ★ ★

**解 説**

前置詞の問題です。

選択肢にはさまざまな前置詞が並んでいるので、前置詞の問題だとわかります。
前置詞の問題の場合、空欄前後をチェックするだけで解けるものもありますが、この問題は少し長めに英文を読まなければなりません。

空欄前までで「業界で最低10年間働くことは、重要なステップと見なされている」と言っていて、空欄後で「理事会に入るのを許されること」と言っています。
これら2つをつなぐことができて、文意が通る前置詞は何かを考えます。

(D)の toward「〜に向かって、〜の方へ」であれば、直訳すると「理事会に入るのを許されることに向けての重要なステップと見なされている」となり、文意が通ります。

(A)upon「〜の上に」、(B)since「〜以来」、(C)after「〜の後で」では文意が通りません。

**訳**

業界で最低10年間働くことは、理事会に入るための重要なステップと見なされています。

**TOEIC テスト
の筋トレ20**

toward は「〜に向かって、〜の方へ」という意味の前置詞です。

# 第21問

次の選択肢の中から正しいものを選びなさい。

( ) the successful launch of its new line of protein drinks, Hartman Health is planning to introduce several frozen food products.

    (A)  Beyond

    (B)  Along

    (C)  Across

    (D)  Following

---

### 単 語 の 意 味

**launch** [lɔ́:ntʃ]·····················発売、立ち上げ
**new line of ～**·····················新シリーズの～
**introduce** [ìntrəd(j)úːs]···········～を売り出す、発売する
**frozen** [fróuzn]·····················冷凍の
**food product**·····················食品

### 解説

前置詞の問題です。

選択肢には前置詞が並んでいるので、どの前置詞を入れれば英文の意味が通るか考えます。

「プロテイン飲料の新シリーズの発売成功〜、ハートマン・ヘルスではいくつかの冷凍食品の導入を検討している」という意味の英文で、「〜」部分にどの前置詞を入れれば英文の意味が通るかを考えます。

(D)の Following「〜に続いて、〜の後に」であれば、「新シリーズの発売成功に続き」となり、意味がつながります。

following には前置詞以外に、「次に来る」という意味の形容詞としての用法もあり、形容詞の following を問う問題も出題されます。

### 訳

プロテイン飲料の新シリーズの発売成功に続き、ハートマン・ヘルスではいくつかの冷凍食品の導入を検討しています。

**TOEIC テスト**
**の筋トレ 21**

following は前置詞以外に形容詞としての用法もあり、形容詞としての following も出題されます。

# 第22問

次の選択肢の中から正しいものを選びなさい。

The company resort property was constructed nearly thirty years ago and has not been renovated (　　).

(A) altogether

(B) then

(C) whenever

(D) since

---

### 単語の意味

**property** [prάːpərti]‥‥‥‥‥‥‥‥‥‥所有物、所有地、地所
**nearly** [níərli]‥‥‥‥‥‥‥‥‥‥‥‥ほとんど、ほぼ
**renovate** [rénəvèit]‥‥‥‥‥‥‥‥‥‥～を改修する、改装する

## 解説

**適切な意味の副詞を選ぶ問題**です。

空欄前は has not been renovated と現在完了形でかつ受動態に
なっていますが、動詞です。したがって、空欄には動詞を修飾
する副詞が入るはずです。

(C)の whenever は複合関係副詞「いつ〜しようとも」という
意味でよく使われますが、他に疑問副詞で「一体いつ〜」とい
う意味でも使われます。ということは、選択肢全てに副詞の用
法があるということです。

どれが正解かは文意を考えます。(D)の since「それ以来、そ
の後」を入れて、「その会社の保養施設は 30 年近く前に建設さ
れ、それ以来改装されていない」とすれば、文意が通ります。
したがって、(D)の since が正解です。

英文を読み慣れていない人にとっては、少し難しい問題です。
since を前置詞として、あるいは接続詞としてしか理解してい
ないからです。

TOEIC テストでは前置詞の since や接続詞の since は何度も出
題されてきましたが、副詞としての since が扱われるようにな
ったのは最近です。**since を副詞として使う場合、「それ以来、
その後」という意味があります**。英文を読んでいると頻繁に目
にするので、品詞的に理解していなくても正解できる問題です
が、問題集でだけ学習している人は間違えるかもしれません。

(A)altogether「完全に、すっかり」、(B)then「あの時、その
時」、(C)whenever「一体いつ〜」では、文意に合いません。

### 訳

その会社の保養施設は 30 年近く前に建設され、それ以来改装されていま
せん。

---

**TOEIC テスト
の筋トレ 22**　　since には副詞としての用法があり、「それ以来、その
後」という意味になります。

# 第23問

次の選択肢の中から正しいものを選びなさい。

After receiving an (　　) letter complaining about our customer service, the manager decided to hold a staff meeting to address the issue.

(A)　unlimited

(B)　anonymous

(C)　unanimous

(D)　encouraging

---

### 単 語 の 意 味

**complain** [kəmpléin]……………不満 [苦情・不平] を言う
**decide to ～**……………………～することに決める
**address** [ədrés]……………… (問題) を扱う、(問題) に当たる
**issue** [íʃuː]……………………問題、問題点

**解説**

**語彙問題**です。

語彙問題は英文を読み、全体の意味を考えなければなりません。

「カスタマーサービスに苦言を呈する〜の手紙を受け取ると、マネージャーはその問題に対処するためにスタッフ会議を開くことにした」という英文で、「〜」部分に何を入れればいいのかを考えます。

(B)の anonymous **「匿名の」**であれば、文意が通ります。anonymous は少し難しい単語ですが、アンケート調査などの際に「匿名可能」のような英文でよく使われます。TOEIC テストでは、パート7でも使われる単語です。

(A)unlimited「制限のない」、(C)unanimous「満場一致の」、(D)encouraging「勇気づける」では、どれも文意が通りません。

**訳**

カスタマーサービスに苦言を呈する匿名の手紙を受け取ると、マネージャーはその問題に対処するためにスタッフ会議を開くことにしました。

**TOEIC テスト
の筋トレ 23**
anonymous は「匿名の」という意味の形容詞です。
パート7でも使われる単語です。

# 第24問

次の選択肢の中から正しいものを選びなさい。

After (　　) of the conference attendees had arrived, organizers asked everyone to go to the Rosewood banquet hall for the opening ceremony.

    (A) mostly

    (B) most

    (C) the most

    (D) almost

---

#### 単 語 の 意 味

**attendee** [ətèndíː] ················ 参加者
**organizer** [ɔ́ːrgənàizər] ··········· 主催者、事務局

---

**解説**

**代名詞の問題**です。

英文全体の意味を考えると、接続詞 After の後は「会議の参加者の大半が」という意味になるのではと推測できます。
after が導く節の主語は (　) of the conference attendees 部分で、動詞が had arrived です。
**主語になるのは、名詞か名詞句です。** 空欄の後は〈前置詞＋名詞句〉と修飾語になっているのでこの部分をカッコにいれると、空欄には名詞か代名詞が入るとわかります。したがって、副詞である (A)mostly と (D)almost は間違いです。

(B)の most であれば代名詞としての用法があり、「ほとんど、大部分」という意味で使われます。**most of the 〜の形で、「〜のほとんど」という意味**になり、ここで使うことができます。
(C)の the most は、形として存在しません。したがって、(B)の most が正解です。
most of 〜 は、この英文のように後ろに the conference attendees といった特定の名詞が入るのに対し、most 単独で形容詞として用いられる場合は、most conference attendees「大半の会議の参加者」のように、不特定の名詞とともに使われるのが特徴です。the がないことに注意してください。
また、almost も、almost all (of) the conference attendees のように、all をはさめば、most of the conference attendees と同様の意味で使うことができます。

**訳**

会議の参加者の大半が到着した後、主催者は開会式をするので宴会場ローズウッドに移動するよう求めました。

**TOEIC テストの筋トレ 24**　most の後ろは不特定の名詞、most of の後ろは the などをつけた特定の名詞が続きます。

# 第25問

次の選択肢の中から正しいものを選びなさい。

Because of the strong economy, analysts forecast that commercial rental prices are likely to rise (　　) as early as next year.

(A) significantly

(B) thoroughly

(C) comprehensively

(D) industriously

---

### 単 語 の 意 味

**forecast** [fɔ́ːrkæst]····················～を予想する、予測する
**commercial** [kəmáːrʃəl]············商業用の
**be likely to ～**····························～しそうだ
**as early as ～**··························早ければ～に、早くも～に、

**解説**

**適切な意味の副詞を選ぶ問題です。**

選択肢にはさまざまな副詞が並んでいるので、適切な意味の副詞を選ぶ問題だとわかります。英文の意味を考えて文意に合う副詞を選ばなければならないので、語彙問題に似ています。

「好景気のため、アナリストは早ければ来年に商業用賃貸料が～上昇する可能性があると予測している」という英文で、「～」部分に入れて文意が通る副詞は何かを考えます。

(A)の significantly「**大幅に、著しく**」であれば文意が通ります。

significantly はビジネス関連の英文で頻繁に使われるせいか、TOEIC でも繰り返し出題されています。

(B)thoroughly「完全に、徹底的に」、(C)comprehensively「包括的に、総合的に」、(D)industriously「勤勉に、精を出して」では文意が通りません。

**訳**

好景気のため、早ければ来年に商業用賃貸料が大幅に上昇する可能性があるとアナリストは予測しています。

**TOEIC テスト
の筋トレ 25**

significantly「大幅に、著しく」はビジネス関連の英文で頻繁に使われるせいか、TOEIC でも繰り返し出題されています。

# 第26問

次の選択肢の中から正しいものを選びなさい。

Consumer reports show that the XL9 by SunScreen Industries is (　　) its most affordable smartphone yet.

(A) as for

(B) without doubt

(C) owing to

(D) within reach

---

#### 単 語 の 意 味

**consumer** [kəns(j)úːmər] ········· 消費者
**affordable** [əfɔ́ːrdəbl] ············· 手頃な価格の
**yet** [jét] ································· 今までの中で、今までのところ

**解 説**

イディオムの問題です。

選択肢にはさまざまなイディオムが並んでいます。英文全体の意味を考えて正解を選ばなければなりません。

「消費者リポートによると、サンスクリーン・インダストリーズの XL9 が〜今までで最も手頃なスマートフォンだということだ」という英文で、「〜」部分に入れて文意が通るのはどれか考えます。

(B)の without doubt「**紛れもなく、疑いなく、確かに**」を入れれば文意が通ります。

without を使う慣用表現としては、他にも without permission「**許可なく**」、without consent「**同意なく**」、without careful consideration「**安易に**」などが出題されています。

(A)の as for は「〜に関しては」、(C)の owing to は「〜のおかげで、〜のせいで」、(D)の within reach は「手の届くところに、実現可能そうな」という意味の表現なので文意に合いません。

**訳**

消費者リポートによると、サンスクリーン・インダストリーズの XL9 が紛れもなく今までで最も手頃なスマートフォンだということです。

**TOEIC テスト
の筋トレ 26**　　without doubt は「紛れもなく、疑いなく、確かに」という意味でよく使われる表現です。

# 第27問

次の選択肢の中から正しいものを選びなさい。

The sales team did not achieve its quota, (　　) did it qualify for the quarterly Top Performer's award.

(A) else

(B) either

(C) nor

(D) instead

---

### 単 語 の 意 味

achieve [ətʃíːv] ························· 〜を達成する、実現する

quota [kwóutə] ························· ノルマ、割当額、割当量

qualify for 〜 ························· 〜にふさわしい、〜に必要な資格を得る

quarterly [kwɔ́ːrtərli] ············· 四半期ごとの、年4回の、3カ月ごとの

award [əwɔ́ːrd] ························· 賞、賞金

難易度…★★★★★

## 解説

接続詞の問題です。

注目点は2カ所あります。まず、The sales team did not achieve its quota が否定文であることです。

次に、空欄の後の語順に注目しましょう。did it qualify for the quarterly Top Performer's award と、疑問詞もないのに疑問文のような語順になっています。このような語順を「倒置」と言います。否定語が前に来ると、この語順になります。

選択肢の中には、否定語は(C)の nor「〜もまた…ない」しかありません。

コンマの後に続く節の文頭に nor が来たことにより、it did not qualify for the quarterly Top Performer's award の語順が倒置され、did it qualify for the quarterly Top Performer's award になったのです。

**文頭に否定語が来るときは後ろが倒置され、〈do [does, did]（助動詞）＋主語＋動詞の原形〉の語順になると覚えておきましょう。正解は(C)の nor です。**

### 訳

営業チームはノルマの達成もならず、四半期ごとのトップパフォーマー賞の対象にもなりませんでした。

---

**TOEIC テスト
の筋トレ 27**

nor は、or と not からなる否定の接続詞で、続く節の後ろが倒置され、〈do [does, did]（助動詞）＋主語＋動詞の原形〉の語順になります。

# 第28問

次の選択肢の中から正しいものを選びなさい。

Dallas was chosen to host the World Junior Tennis Championships because of its (　　) to numerous sporting venues.

(A) proximity

(B) appropriateness

(C) transition

(D) similarity

---

### 単 語 の 意 味

**host** [hóust]······························〜を主催する
**numerous** [n(j)ú:mərəs]············多数の、数々の
**venue** [vénju:]····························開催地、会場

**解 説**

語彙問題です。

語彙問題は英文を読み、全体の意味を考えなければなりません。

because of は群前置詞です。because of 以降は〈前置詞＋名詞句〉の形になっているので修飾語です。
主節で「ダラスは世界ジュニアテニス選手権の開催地に選ばれた」と言っており、because of 以降でその理由を述べています。

(A)の proximity「近いこと、近接」を入れれば「数々のスポーツ会場に近いことから」となり、文意が通ります。proximity to ～で「～に近いこと」という意味になり、よく使われます。proximity は前置詞 to と一緒に使われることが多いので、この問題の場合、空欄直後の to が大きなヒントになります。

(B) の appropriateness「妥当性、適合性」、(C) の transition「移行、変遷」、(D)の similarity「類似、相似」では、どれも文意が通りません。
最近はこの問題のように、パート 7 で使われるような少しフォーマルな単語の出題が増えています。

**訳**

ダラスは数々のスポーツ会場に近いことから、世界ジュニアテニス選手権の開催地に選ばれました。

**TOEIC テスト
の筋トレ 28**　　proximity to ～「～に近いこと」の形で使われることが多いです。

# 第29問

できたら…○
できなかったら…×

次の選択肢の中から正しいものを選びなさい。

Ms. Ingles is expected to make an announcement as to (　　) the annual board of directors meeting will be held.

(A) when

(B) which

(C) whom

(D) what

---

### 単 語 の 意 味

**be expected to 〜**……………〜すると期待されている、する予定だ
**as to 〜**……………………………〜に関して
**the board of directors**………取締役会

**解説**

疑問詞の問題です。

選択肢には疑問詞が並んでいるので、適切な疑問詞を選ぶ問題だとわかります。

この英文は間接疑問文です。**間接疑問文とは文中に疑問文が埋め込まれた文のことで、〈疑問詞＋主語＋動詞〉の語順になります。**

間接疑問は文に埋め込まれることにより名詞節を作り、文の主語、動詞の目的語、前置詞の目的語などとして使われます。

この英文では前置詞の働きをする as to「〜に関して」の目的語になっています。

as to より前で「イングレスさんは発表する予定だ」と言っていて、as to「〜に関して」に続く空欄以降で「年次の取締役会が〜開かれるか」と言っているので、(A)の疑問詞 when「いつ」を入れれば「いつ開かれるかに関して発表する予定だ」となり、文意が通ります。したがって、(A)の when が正解です。

(A)の when には疑問詞の他に関係副詞の用法もありますが、関係副詞として使われているのであれば空欄前に日にちを表す名詞があるはずです。(B)の which や(C)の whom には関係代名詞としての用法もありますが、関係代名詞として使われるのであれば、空欄前に先行詞である名詞があるはずです。また、(D)の what にも関係代名詞の用法もありますが、「〜する物［事］」という意味になるので文意が通りません。

**訳**

イングレスさんは年次の取締役会がいつ開かれるかに関して発表する予定です。

**TOEIC テスト の筋トレ 29**　間接疑問文とは文中に疑問文が埋め込まれた文のことで、〈疑問詞＋主語＋動詞〉の語順になります。

# 第30問

次の選択肢の中から正しいものを選びなさい。

Any registered member of the media will be permitted to interview performers, (　　) not without a press pass.

(A) whether

(B) nor

(C) because

(D) but

---

### 単 語 の 意 味

**registered** [rédʒɪstərd] ············ 登録された、登録済みの
**permit A to ～** ······················ A が～することを許す
**performer** [pərfɔ́ːrmər] ············ 出演者、パフォーマー

## 解 説

接続詞の問題です。

この問題を解くには**空欄直後にit is**が、notの後ろに
permitted to interview performers が省略されていることに
気が付かなければなりません。

空欄前は節［S（主語）＋V（動詞）］です。空欄直後にこれら
の省略があると考えると、空欄後も節です。**節と節を結ぶのは
接続詞**です。

選択肢は全て接続詞です。どれが正解かは、どれであれば文意
が通るかで判断します。
空欄前までで「登録された報道関係者は出演者にインタビュー
することができる」と言っていて、空欄後に省略部分を補うと
「プレスパスをお持ちでない方はインタビューできない」と言
っています。

この２つの節をつないで意味が通るのは、**逆接を表す接続詞で
ある**(D)の but「**しかし**」しかありません。

(A)whether「〜かどうか」、(B)nor「〜もまた…でない」、
(C)because「〜なので」では文意が通りません。

## 訳

登録された報道関係者は出演者にインタビューすることができますが、プ
レスパスをお持ちでない方はできません。

**TOEIC テスト
の筋トレ 30**

節と節を結ぶのは接続詞です。
but は「しかし」という意味の接続詞です。

# コロナが直撃

2020年1月あたりから、連日、新型コロナウイルスのニュースが流れるようになりました。最初は対岸の火事だと思っていたのですが、教室運営にも影響が出始めました。

教室は2カ月単位で開いていますが、コロナ禍に巻き込まれ始めたのが2020年3月です。3月後半開始のクラスは悩んだあげくスタートすることにしたのですが、4月に発動された「緊急事態宣言」の中に、学習塾が含まれたのです。

とりあえず、開催中のクラスを終わらせる必要があります。全9回のうち、2回は3月中に終了していました。4月は2週間休んで、3週目は過去にプロのカメラマンを入れて撮影していた動画がたまたま手元にあったので、それを受講者に送付。

4週目から緊急事態宣言解除までの1カ月を、急遽オンラインで切り替えることになりました。突然のことなので、準備が大変です。

運よく、この種の事に長けている昔の教室生でカブコム（旧カブドットコム）の立ち上げに参画した石川さんが、機材の調達と設定まで全て行ってくれました。

問題は、カメラマン探しです。

3脚にカメラを取り付けての固定の撮影だと、ホワイトボード2台を駆使し板書の多い私の教室では、無理があります。

私のホームページに関わっているプログラマーがYouTube専門の会社の方を紹介してくれたのですが、一抹の不安がありました。そこで、週2回発行しているメールマガジンの編集後記に「カメラマンを探している」と書いてみました。信頼できる元教室生が手をあげてくれないかなあというかすか

な期待を込めて書いたのです。

　するとその日のうちに、Tさんからメールが届きました。5年前に教室に参加してわずか3カ月で965点を出した、元教室生です。Tさんなら、私のクラスの進め方もTOEICのこともわかっています。大手放送局のエグゼクティブ・プロデューサーを最後に退職していて私より年上ですが、彼のおかげでスムーズにオンラインクラスを始めることができました。

　Tさんは板書をズームアップして撮影したり、必要な機材も次々に増やしたり、必要があれば編集までしてくれています。回を追うごとに画像もカメラワークも進化するのです。

　コロナ禍で、教室の集客も大変になりました。企業はTOEICどころではないので「今年は見なしの点数で認めます」というところも出てきました。学習者自身もコロナから身を守る事で頭がいっぱいで、今はそれどころじゃないという方も少なくありません。

　何よりも影響を受けたのは、TOEICテスト自体が半年以上中止になったことです。半年も中止になると、受験者側のモチベーションが続きません。

　コロナ禍で大変な1年でしたが、オンラインを始めたおかげで、生授業で土曜に撮影した画像を同時配信、翌週の水曜には録画配信となったので、毎週水曜日に教室に行く必要がなくなり、体が楽になりました。人間万事塞翁が馬とはよくいったものだと思います。

　実はコロナを機に教室の運営もやめてもいいかなあと考えていたのですが、天はまだ「続けろ」と言っているようです。

Lesson

# 2

# 「千里の道も
# 一歩から」

## 30問

ここから lesson 2 です。
まだ 100 問以上もあるのか……
と思っていませんか？
そうじゃないんです、もう 30 問も解いたのです。
目の前の問題を解くうちに、
気づいたら膨大な量の勉強をしています。
さあ、がんばりましょう。

# 第31問

次の選択肢の中から正しいものを選びなさい。

The information technology team promised (    ) a strategy that will ensure our network remains secure at all times.

(A)  to develop

(B)  developing

(C)  has developed

(D)  development

---

### 単 語 の 意 味

**promise** [prá:məs]·················~を約束する
**strategy** [strǽtədʒi]··············戦略、計画、計略
**ensure** [ɪnʃúər]·····················~を確保する、確かにする、保証する
**remain** [rɪméɪn]·····················(状態が)~のままである
**secure** [sɪkjúər]·····················安全な、確実な
**at all times**··························いつも、常に

## 解　説

不定詞の問題です。

that より前の主節の主語は The information technology team で、動詞が promised です。したがって、(　) a strategy は目的語だとわかります。
ちなみに、関係代名詞 that から始まる that will ensure our network 〜部分は修飾語、つまりおまけです。

**目的語になるのは名詞か名詞句なので、空欄にどの選択肢を入れれば (　) a strategy 部分を名詞句にできるのか**を考えます。

promise は後ろに動名詞をとらないので、(B)developing を入れることはできません。to 不定詞（to ＋動詞の原形）であれば、「〜すること」という意味になるので名詞句を作り、promised の目的語となります。したがって、(A) の to develop「開発すること」が正解です。

不定詞の用法としては、この問題のように名詞的に使われる名詞的用法以外に、形容詞的用法「〜すべき、〜するための」、副詞的用法「〜するために」とがありますが、3 つの用法全てが出題されます。

## 訳

IT チームは、ネットワークの安全性を常に確保できる対策を講じると約束しました。

**TOEIC テスト
の筋トレ 31**　　　不定詞の用法には、名詞的用法、形容詞的用法、副詞的用法があり、3 つの用法全てが出題されます。

# 第32問

次の選択肢の中から正しいものを選びなさい。

Most fans of the movie series *Diamond Dan* agree that the latest film, *Adventures in the Sea,* is the best one (　　).

- (A)　over
- (B)　between
- (C)　yet
- (D)　more

---

### 単 語 の 意 味

**agree** [əgríː]·················~に同意する、合意する
**latest** [léitist]·················最新の、最近の

## 解 説

適切な意味の副詞を選ぶ問題です。

選択肢を見ただけでは、品詞や意味など、さまざまな使い方ができる語が並んでおり、的を絞りづらい問題です。

この英文は、〈S + V + that 節〉の形をとっているので、接続詞の that 以下に完全な文が続くことがわかります。

that 以下は、the latest film, *Adventures in the Sea*, is the best one (　　) となっていて、空欄部分を除いたとしても「最新作『アドベンチャーズ・イン・ザ・シー』が最高作だ」と完全文になっているので、空欄には修飾語としてしか使えない副詞が入るはずだとわかります。

空欄直前が the best one という最上級になっています。**最上級を示す語の後に置いて「これまでに」という意味で使える yet** が選択肢にあります。yet を入れれば「これまでに（見た）最高作だ」となり、文意も通ります。したがって、(C) の yet が正解です。

yet には、否定文・疑問文で「まだ（〜ない）」や「もう（〜したのか）」の用法以外に、ここで使われているような用法もあります。

## 訳

映画シリーズ『ダイアモンド・ダン』のファンの大半は、最新作『アドベンチャーズ・イン・ザ・シー』がこれまでの最高作だと口をそろえます。

---

**TOEIC テスト
の筋トレ 32**　　　副詞としての yet は、最上級を表す語の後に置いて「これまでに」という意味で使うことができます。

第

次の選択肢の中から正しいものを選びなさい。

After giving twenty-five years of (　　) service to Kemp Motors, Jodie Day received an all-expenses-paid trip to Hawaii.

(A) devote

(B) devoted

(C) devotedly

(D) devotion

---

## 単　語　の　意　味

**service** [sə́:rvəs] ················· 勤務、業務
**all-expenses-paid** ··············（相手に）全額負担してもらえる

解説

形容詞の問題です。

選択肢に似た形の単語が並んでいるので、品詞問題かもしれないと考えます。品詞問題の場合、空欄前後が重要になります。

空欄直前は前置詞の of で、直後は名詞の service です。前置詞の後ろには名詞か名詞句が続きます。(　) service が名詞句になるには、空欄には**名詞 service を修飾する形容詞**である (B) の devoted「献身的な、専念した」が入ります。

devoted service「献身的な勤務」という表現は頻繁に使われ、パート5では語彙問題として出題されることもあります。意味も覚えておきましょう。

同義語の dedicated「献身的な、熱心な」を使って、dedicated service の形で問われることもあります。

訳

ケンプ・モーターズでの25年間におよぶ献身的な勤務により、ジョディ・デイさんは全額負担なしのハワイ旅行をプレゼントされました。

TOEIC テスト
の筋トレ 33

devoted は「献身的な、専念した」という意味の形容詞で、語彙問題として出題されることもあります。

# 第34問

次の選択肢の中から正しいものを選びなさい。

Anything purchased online can be returned at a retail store as long as the merchandise is accompanied by (    ) of purchase.

(A) proof

(B) item

(C) reason

(D) amount

---

### 単 語 の 意 味

**anything** [éniθìŋ] ·····················(肯定文で) 何でも
**purchase** [pə́:rtʃəs] ·················～を購入する、購入、購入品
**retail store**···························小売店
**as long as** ～ ························～する限り
**merchandise** [mə́:rtʃəndàɪz]····商品
**be accompanied by** ～········～が添付してある

**解説**

語彙問題です。

語彙問題は英文を読み、全体の意味を考えなければなりません。

「オンラインで購入されたものは何でも、商品に購入の〜が添付されていれば、小売店で返品することができる」という英文で、「〜」部分に何を入れればいいのかを考えます。

(A)の proof「証明」であれば、文意が通ります。
proof of purcahse で「購入証明書」という意味になり、頻繁に使われる表現です。

(D)の reason を選んだ人がいるかもしれませんが、reason of purchase「購入理由書類」を添付しても返金はされません。また、商品購入のさいに reason of purchase を受け取ることもありません。

(B)item「商品、品目」、(B)reason「理由、根拠」、(D)amount「量、(金)額」では、文意が通りません。

**訳**

オンラインで購入されたものは何でも、商品に購入証明書が添付されていれば、小売店で返品することができます。

---

**TOEIC テストの筋トレ 34**

proof は「証明」という意味の名詞です。proof of purchase で「購入証明書」という意味になります。

# 第35問

次の選択肢の中から正しいものを選びなさい。

ACE Electronics, the largest client of DTR Manufacturing, insisted that all machines (　　) with internal heat sensors.

- (A) were equipped
- (B) to equip
- (C) equipped
- (D) be equipped

---

#### 単 語 の 意 味

**client** [kláɪənt]······················· 顧客
**insist** [ɪnsíst]·························～を要求する、主張する
**internal** [ɪntə́ːrnl]····················· 内部の
**heat sensor**·························· 熱センサー

**解説**

動詞の形を問う問題です。

選択肢には動詞 equip のさまざまな形が並んでいます。
この英文の全体の主語は ACE Electronics で、動詞が insisted
で that 以降が目的語です。この問題を解く鍵は、動詞部分に
使われている insisted「要求した」です。
**要求や提案や命令を表す動詞が使われている場合、続く that
節〔that＋S（主語）＋V（動詞）〕内の動詞部分には動詞の原
形を使います。**
that 節内の主語が all machines「全ての機械」なので、動詞部
分は動詞の原形を使って be equipped「備え付けられている」
としなければなりません。したがって、(D) の be equipped が
正解です。
関連問題で使われる動詞は、suggest「～を提案する」、require
「～を要求する」、recommend「～を勧める」、ask「～を要求
する」などです。
イギリス英語では that 節内は〈that S＋should＋V〉となり、
should を入れて使うことが多いですが、イギリス英語での出題
はありません。

insist は「要求する」以外に「主張する」という意味もあり、
「主張する」という意味しか知らない人もいます。その場合、
間違って (A) の were equipped を選んでしまいます。

**訳**

DTR マニュファクチャリング社の最大の顧客である ACE エレクトロニク
スは、すべての機械に内部熱センサーが搭載されていることを要求しまし
た。

| **TOEIC テスト**<br>**の筋トレ 35** | 要求や提案を表す動詞が使われている場合、続く that<br>節〔that＋S（主語）＋V（動詞）〕内の V（動詞）部<br>分には動詞の原形を使います。 |

# 第**36**問

次の選択肢の中から正しいものを選びなさい。

Although the conference facility had (　　) been scheduled to open in spring of next year, the date has been pushed back to mid-June.

    (A)  eventually

    (B)  extensively

    (C)  initially

    (D)  further

---

### 単 語 の 意 味

**facility** [fəsíləti]······················施設、設備
**be scheduled to ～**··············～する予定になっている
**push back**································～を延期する、先送りする

**解説**

**適切な意味の副詞を選ぶ問題です。**

選択肢にはさまざまな副詞が並んでいるので、適切な意味の副詞を選ぶ問題だとわかります。英文の意味を考えて文意に合う副詞を選ばなければならないので、語彙問題に似ています。

「その会議施設は〜来年春のオープンを予定していたが、6月中旬に延期された」という英文で、「〜」部分に入れて文意が通る副詞は何かを考えます。

(C)の initially「**当初は、最初に（は）**」であれば、文意が通ります。

(A)eventually「最終的に、結局」、(B)extensively「広範囲にわたって、広く」、(D)further「さらにまた、その上」では文意が通りません。

形容詞の initial「最初の、初めの」も出題されています。一緒に覚えましょう。

**訳**

その会議施設は当初は来年春のオープンを予定していましたが、6月中旬に延期されました。

**TOEIC テストの筋トレ 36**

initially は「当初は、最初に（は）」という意味の副詞です。形容詞 initial「最初の、初めの」も出題されます。

# 第37問

次の選択肢の中から正しいものを選びなさい。

As a result of new safety protocols in our food processing plants, procedures will change nationwide (     ) July 1.

(A) effective

(B) effect

(C) effectiveness

(D) effectively

---

### 単語の意味

as a result of ～ ················· ～の結果として
protocol [próutəkà:l] ··············· 手順
food processing plant ········ 食品加工工場
procedure [prəsí:dʒər] ··········· 工程、手順、手続き
nationwide [nèiʃənwáid] ·········· 全国的に

**解説**

副詞の問題です。

選択肢に似た形の単語が並んでいるので、品詞問題かもしれないと考えます。品詞問題の場合、空欄前後が重要になります。

(A)の effective は形容詞「効力を持った、効果的な」、(B)の effect は名詞「効力、効果」、(C)の effectiveness は名詞「有効性」、(D)の effectively は副詞「効果的に」、というのが一般的な理解です。
実は、(A)の effective には形容詞以外に「効力を持って、有効で」という副詞としての用法もあります。
この英文では、nationwide と effective という 2 つの副詞がchange という動詞を修飾していて、will change nationwide effective で「全国的に効力を持って変更になる」という意味になります。したがって、(A)の effective が正解です。
effective 以下は、effective from July 1 という形が正式ですが、from を省略し、effective July 1 の形で使われることが多いです。(D)の effectively も副詞ですが、effectively では文意が通りません。
〈effective＋時や日にちを表す単語〉で「〜から効力を持って、〜から有効で」という意味になり、ビジネス関連の英文で頻繁に使われるため、仕事で英語を使っている人には簡単な問題です。

**訳**

当社の食品加工工場の安全手順が新しくなることから、7 月 1 日より全国的に工程が変更となります。

**TOEIC テスト
の筋トレ 37**

effective を「効力を持った、効果的な」という意味の形容詞としてしか理解していない人が多いです。effective には「効力を持って」という意味の副詞としての用法もあります。

# 第38問

次の選択肢の中から正しいものを選びなさい。

As the (　　) provider of cybersecurity, Firewall Systems is used by companies throughout Europe and the Asia-Pacific region.

(A) leading

(B) former

(C) described

(D) potential

---

### 単 語 の 意 味

**provider** [prəváɪdər]······················プロバイダー、インターネット接続事業者
**cybersecurity** [sàɪbərsɪkjúərəti]····サイバーセキュリティー
**throughout** [θruáut]······················〜の至る所に、〜の全体にわたって
**region** [ríːdʒən]·····························地方、地域

**解説**

語彙問題です。

語彙問題は英文を読み、全体の意味を考えなければなりません。

「サイバーセキュリティーの〜プロバイダーとして、ファイアウォール・システムズはヨーロッパとアジア太平洋地域全域の企業で採用されている」という英文で、「〜」部分に何を入れればいいのかを考えます。

(A)の leading「主要な、一流の」であれば、文意が通ります。leading は leading bank「主要な銀行」、leading manufacturer「主要なメーカー」、leading university「一流大学」のようにビジネス関連のレポートでも、それ以外でも頻繁に使われます。

(B)former「前の、先の」、(C)described「記載されている」、(D)potential「潜在的な、可能性がある」では、どれも文意が通りません。

**訳**

サイバーセキュリティーの主要プロバイダーとして、ファイアウォール・システムズはヨーロッパとアジア太平洋地域全域の企業で採用されています。

**TOEIC テスト
の筋トレ 38**

leading は「主要な、一流の」という意味の形容詞です。
ビジネス関連のレポートで頻繁に使われます。

# 第39問

次の選択肢の中から正しいものを選びなさい。

We initially agreed to rent the work space on a temporary (　　), however, we ended up signing a three-year lease.

(A) consent

(B) basis

(C) estimate

(D) permission

---

### 単 語 の 意 味

**initially** [ɪníʃəli] ···················· 最初は、最初に
**agree** [əgríː] ························· 同意する、合意する
**rent** [rént] ···························· 〜を借りる
**temporary** [témpərèri] ··········· 一時的な、暫定の
**however** [hauévər] ················ けれども、しかしながら
**end up 〜ing** ····················· 結局〜することになる
**lease** [líːs] ··························· リース、賃貸借契約

**解説**

イディオムの問題です。

空欄直前が on a temporary となっています。on a が大きなヒントとなります。

正解は(B)の basis です。on a 〜 basis はよく使われる表現で「〜ベースで」という意味になります。

on a weekly basis であれば「週に一度、週単位で」、on a monthly basis であれば「月に一度、月単位で」という意味になります。

この英文では on a temporary basis となっているので「臨時に、一時的に」という意味になります。on a temporary basis という表現を使った英文の temporary 部分を選ばせる問題も出題されています。

(A)の consent は「承諾、同意」、(C)の estimate は「予測、見積もり」、(D)の permission は「許可、承認」という意味で、どれも文意に合いません。

**訳**

最初はワークスペースを臨時で借りる約束だったのですが、結局3年のリース契約を結びました。

TOEIC テスト
の筋トレ 39　　　on a temporary basis は「臨時に、一時的に」という意味でよく使われる表現です。

# 第40問

次の選択肢の中から正しいものを選びなさい。

One of the (　　) of having an office outside the downtown area is the convenient access to the airport for clients who visit us from overseas.

- (A) advantage
- (B) advantaged
- (C) advantaging
- (D) advantages

---

### 単 語 の 意 味

**downtown area**····················繁華街
**convenient** [kənvíːnjənt] ·········便利な、使いやすい
**overseas** [òuvərsíːz] ···············外国へ、海外へ

**解説**

名詞の問題です。

選択肢に似た形の単語が並んでいるので、品詞問題かもしれないと考えます。品詞問題の場合、空欄前後が重要になります。

空欄前が冠詞の the で、空欄後は of having an office outside the downtown area と〈前置詞＋名詞句〉になっています。
〈前置詞＋名詞句〉は修飾語なので、この部分をカッコでくくり、One of the (　) の空欄部分にどの品詞を入れればいいかを考えます。

冠詞の後ろには名詞が続きます。名詞は (A) の advantage と (D) の advantages です。
one of the ～「～の 1 つ」と言う場合には、「～」部分には複数名詞が入ります。したがって、(D) の advantages「利点、メリット」が正解です。

TOEIC テストは時間がない中で解かなければならないので、他の選択肢をチェックしないで単数名詞である (A) advantage を間違って選ぶ人が一定の割合でいます。いわゆるトリック問題です。

**訳**

繁華街の外にオフィスを構えるメリットの 1 つは、海外から訪れるクライアントにとって空港へのアクセスが良いことです。

**TOEIC テスト
の筋トレ 40**　　one of the ～「～の 1 つ」と言う場合に、「～」部分に入るのは複数名詞です。

第**41**問

できたら…○
できなかったら…×

次の選択肢の中から正しいものを選びなさい。

The sale was a surprisingly great success (     ) the advertising campaign did not begin until one week before the event.

    (A)  since

    (B)  therefore

    (C)  considering

    (D)  provided that

単 語 の 意 味

**surprisingly** [sərpráizɪŋli]………意外にも、驚いたことに（は）
**advertising campaign**………広告キャンペーン

## 答 え (C) considering

難易度… ★★★★

### 解 説

接続詞の問題です。

文頭から空欄前までも、空欄以降も節［S（主語）＋V（動詞）］です。**節と節を結ぶのは接続詞です。**選択肢の中で(B)の therefore だけが副詞で、他は接続詞の用法があります。

(A)since「～なので」、(C)considering「～であることを考えれば」、(D)provided that「ただし、～ならば」のどれが正解かは、どれであれば文意が通るかで判断します。

空欄までで「セールは意外にも大盛況だった」と言っていて、空欄以降では「イベント1週間前まで広告キャンペーンが始まらなかった」と言っています。
この2つの節をつないで意味が通るのは、(C)の considering「～であることを考えれば」しかありません。接続詞の considering は元々 considering that の形なのですが、口語英語ではこの that を省略して使うことが多いです。

considering は他にも前置詞「～を考えれば、考慮すれば」や副詞「すべてを考慮すれば、その割に」としての用法もあります。中でも前置詞としての使用頻度が高いせいか、前置詞としての considering も過去に出題されています。

### 訳

イベント1週間前まで広告キャンペーンが始まらなかったということを考えれば、セールは意外にも大盛況でした。

**TOEIC テスト
の筋トレ 41**

接続詞の considering は元々 considering that の形なのですが、口語英語ではこの that を省略して使うことが多いです。

# 第42問

次の選択肢の中から正しいものを選びなさい。

A guided tour of the Wellington School of Arts campus can be arranged from 10 A.M. to 3 P.M. any weekday throughout the year, (　　) in July and August.

(A) pending

(B) except

(C) without

(D) besides

---

### 単 語 の 意 味

**guided tour**·················· ガイド付きツアー
**arrange** [əréɪndʒ]····················· 〜を手配する、用意する、準備する
**throughout** [θruáut]················ 〜を通して、〜の間中

**解説**

前置詞の問題です。

選択肢は全て前置詞なので、前置詞の問題ではないかと考えます。
前置詞の問題の場合、空欄前後をチェックするだけで解ける問題もありますが、この問題は少し長めに英文を読まなければならない問題です。

「7月と8月〜1年を通して平日の午前10時から午後3時まで、ウェリントン・スクール・オブ・アートの構内ではガイド付きツアーの手配が可能だ」という意味の英文で、「〜」部分に何を入れれば文意が通るかを考えます。

(B)の except「〜以外は、〜を除いては」であれば「7月と8月を除いて手配が可能だ」となり、文意が通ります。

except は「〜以外は、〜を除いては」という意味の前置詞ですが、他にも接続詞「(〜ということ)を除いて」、動詞「〜を除外する、省く」としての用法があります。TOEIC で出題されるのは前置詞としての except が多いです。

**訳**

7月と8月を除いて、1年を通して平日の午前10時から午後3時まで、ウェリントン・スクール・オブ・アートの構内ではガイド付きツアーの手配が可能です。

---

**TOEIC テストの筋トレ 42**

except は「〜以外は、〜を除いては」という意味の前置詞です。動詞・接続詞の用法もありますが、TOEIC テストでは前置詞での出題が多いです。

# 第43問

次の選択肢の中から正しいものを選びなさい。

In order to comply with the latest accounting regulations, retailers must (　　) an inventory count at least 30 days before the end of their fiscal year.

    (A)　enhance

    (B)　complete

    (C)　obey

    (D)　simplify

---

### 単 語 の 意 味

| | |
|---|---|
| **in order to** 〜 | 〜するために |
| **comply with** 〜 | 〜に従う、応じる |
| **latest** [léɪtɪst] | 最新の、最近の |
| **accounting regulation(s)** | （通例、複数形で）会計規則 |
| **retailer** [ríːtèɪlər] | 小売業者、小売店 |
| **inventory count** | 棚卸し |
| **at least** | 少なくとも |
| **fiscal year** | 会計年度 |

**解説**

**適切な意味の動詞を選ぶ問題です。**

適切な意味の動詞を選ぶ問題は語彙問題と同じで、英文を読んで、全体の意味を考えなければなりません。

「最新の会計規則に準拠するためには、小売業者は会計年度末の少なくとも 30 日前までに棚卸しを〜なければならない」という英文で、「〜」部分にどの動詞を入れれば文意が通るかを考えます。

(B)の complete「〜を完了する、終える」であれば、文意が通ります。

**complete には動詞以外に「完全な」という意味の形容詞としての用法があり、形容詞の complete も出題されます。動詞、形容詞、どちらが出ても正解できるようにしましょう。**

(A)enhance「〜を高める、〜を向上させる」、(C)obey「〜に従う、服従する」、(D)simplify「〜を単純にする、簡単にする」では、文意が通りません。

**訳**

最新の会計規則に準拠するためには、小売業者は会計年度末の少なくとも 30 日前までに棚卸しを完了しなければなりません。

**TOEIC テスト
の筋トレ 43**

complete は「〜を完了する、終える」という意味の動詞ですが、「完全な」という意味の形容詞としての用法もあります。

# 第44問

次の選択肢の中から正しいものを選びなさい。

By focusing its marketing on an older (　　), Kane Clothiers was able to expand its customer base by nearly 30%.

  (A) system

  (B) personnel

  (C) advantage

  (D) clientele

---

### 単 語 の 意 味

focus A on ～ ·················A を～に集中させる
be able to ～ ·····················～することができる
expand [ɪkspǽnd]·····················～を拡大する
customer base ·····················顧客ベース
nearly [níəɾli]·····························ほとんど、ほぼ

**解説**

語彙問題です。

語彙問題は英文を読み、全体の意味を考えなければなりません。

「年配の〜に絞ってマーケティングを行ったことにより、ケイン・クロージャーズは顧客ベースを 30％ 近く拡大することができた」という英文で、「〜」部分に何を入れればいいのかを考えます。

(D)の clientele「**顧客、常連客**」であれば、文意が通ります。clientele は少し難しい単語ですが、client「顧客、取引先」の意味は誰もが知っているはずなので、client から推測するといいでしょう。

clientele はビジネスではよく使う単語です。顧客を組織とか会社などのように「集合体」としてとらえるときに clientele を使います。一方で、client は一人一人の顧客を指します。

(A)system「システム」、(B)personnel「職員」、(C)advantage「利点、長所」では、文意が通りません。

**訳**

年配の顧客に絞ってマーケティングを行ったことにより、ケイン・クロージャーズは顧客ベースを 30％ 近く拡大することができました。

**TOEIC テスト
の筋トレ 44**

clientele は「顧客、常連客」という意味の名詞です。

# 第45問

次の選択肢の中から正しいものを選びなさい。

Because of a computer malfunction, Privy Foods had to ( ) halt operations until a diagnostic check could be performed.

(A) routinely

(B) temporarily

(C) steadily

(D) fairly

---

### 単 語 の 意 味

**malfunction** [mæ̀lfʌ́ŋkʃən]········不具合、機能不良、異常

**halt** [hɔ́ːlt]····························〜を停止させる、止める

**operation** [ɑ̀ːpəréiʃən]···········操業、操作

**diagnostic check**···············診断チェック

**perform** [pərfɔ́ːrm]···············〜を行う、実行する

### 解説

**適切な意味の副詞を選ぶ問題**です。

選択肢にはさまざまな副詞が並んでいるので、適切な意味の副詞を選ぶ問題だとわかります。英文の意味を考えて文意に合う副詞を選ばなければならないので、語彙問題に似ています。

「コンピューターの不具合のためプリビー・フーズでは、診断チェックができるまで〜操業を停止しなければならなかった」という英文で、「〜」部分に入れて文意が通る副詞は何かを考えます。

(B)の temporarily「**一時的に、仮に**」あれば、文意が通ります。

temporarily は簡単な単語ですが、空欄直後の halt「〜を停止させる」の意味がわからなければ、答えもわかりません。最近は、空欄前後に置かれたヒントとなる語彙が少し難しくなっています。このような問題では、空欄に入れる単語だけ覚えても正解できません。

(A)routinely「いつも決まって、日常的に」、(C)steadily「着実に、確実に」、(D)fairly「かなり、相当」では、文意が通りません。

### 訳

コンピューターの不具合のためプリビー・フーズでは、診断チェックができるまで一時的に操業を停止しなければなりませんでした。

---

**TOEIC テスト
の筋トレ 45**　　　最近の TOEIC は、空欄前後に置かれたヒントとなる語彙が少し難しくなっています。

# 第46問

次の選択肢の中から正しいものを選びなさい。

Many park visitors still like to (      ) the trails on foot, but there has been an increase in the number of cyclists this season.

(A)  proceed

(B)  speculate

(C)  reveal

(D)  explore

---

### 単 語 の 意 味

trail [tréɪl]······················小道、トレイル、跡
on foot···························徒歩で
increase in ～···················～の増加
cyclist [sáɪklɪst]··················サイクリスト、自転車乗り

## 解説

**適切な意味の動詞を選ぶ問題**です。

適切な意味の動詞を選ぶ問題は語彙問題と同じで、英文を読んで、全体の意味を考えなければなりません。この問題の場合は、空欄後の( ) the trails 部分を見るだけで正解できます。ただ、正解の(D)explore を「〜を探検する」という意味でしか覚えていない人が多く、そのような人は間違えるかもしれません。簡単な単語本や辞書、大学受験で使用した単語本には「〜を探検する」という意味しか掲載されていないことが多いです。

explore にはこの英文で使われている**「〜を散策する」**以外にも**「〜を見て回る、探究する、検討する」**など、さまざまな意味があります。パート5以外では、「〜を見て回る」という意味でも頻繁に使われます。通常の会話では、「〜を探究する」という意味で使われることも多いです。
このような問題を正答するには、explore という単語が持つニュアンスをさまざまな英文を読みながらマスターするしかありません。

(A)proceed「続ける、進む」、(B)speculate「熟考する、推測する」、(C)reveal「〜を明らかにする」では、どれも文意が通りません。

### 訳

公園の訪問者の多くは依然として徒歩でトレイルを散策することを好みますが、今シーズンはサイクリストの数が増加しています。

**TOEIC テスト
の筋トレ 46**

explore にはさまざまな意味があります。辞書や単語本には「〜を探検する」という意味でしか掲載されていない場合が多いです。「〜を散策する」という意味もあります。

# 第47問

次の選択肢の中から正しいものを選びなさい。

Because Tillman Clothiers' grand opening sale has been moved (　　), posters and brochures will need to be reprinted.

(A) forwarded

(B) forwarding

(C) to forward

(D) forward

---

### 単 語 の 意 味

**grand opening sale**⋯⋯⋯⋯⋯グランドオープンセール、開店大売り出し
**brochure** [brouʃúər]⋯⋯⋯⋯⋯⋯パンフレット
**reprint** [rìːprínt]⋯⋯⋯⋯⋯⋯⋯⋯〜を再印刷する

難易度… ★ ★ ★

## 解説

副詞の問題です。

選択肢に似た形の単語が並んでいるので、品詞問題かもしれないと考えます。品詞問題の場合、空欄前後が重要になります。

空欄前は has been moved と、動詞 move の現在完了形でかつ受動態となっています。
**動詞を修飾するのは副詞なので、副詞である (D) の forward「前方へ」を選べば正しい英文になります。**

forward は副詞以外にも、名詞「フォワード」、形容詞「前方への」としての用法があります。

move forward「前倒しする、繰り上げる」という表現はよく使われるので、品詞問題として考えなくても、日頃から英文を読みなれている人であれば瞬時に正解がわかります。

**副詞は動詞、形容詞、他の副詞、副詞句、節、文全体を修飾します。**

## 訳

ティルマン・クロージャーズのグランドオープンセールを前倒ししたため、ポスターやパンフレットの再印刷が必要となります。

---

**TOEIC テスト
の筋トレ 47**

動詞を修飾するのは副詞です。forward は「前方へ」という意味の副詞です。move forword「前倒しする、繰り上げる」という表現はよく使われます。

# 第48問

次の選択肢の中から正しいものを選びなさい。

Forest Logistics is moving (　　) the outdated distribution system it has had in place since the company was founded.

(A) beyond

(B) except

(C) across

(D) within

---

### 単 語 の 意 味

outdated [àʊtdéɪtɪd]……………旧式の、時代遅れの
distribution system…………流通システム
have 〜 in place………………〜を設置する
found [fáʊnd]………………………〜を創立する、設立する

**解 説**

前置詞の問題です。

選択肢にはさまざまな前置詞が並んでいるので、前置詞の問題だとわかります。

前置詞の問題の場合、空欄前後をチェックするだけで解ける問題もありますが、この問題は少し長めに英文を読まなければならない問題です。

「フォレスト運輸では、創業以来活用されてきた旧式の流通システム〜動いている」と言っています。この英文で、どの前置詞であれば文意が通るかを考えます。

この「〜」部分に入れて文意が通るのは、(A)の beyond「〜を越えて、〜より以上に」だけです。
beyond を入れれば「〜を越えて動く」、つまり「〜を脱却する」という意味になります。

テスト改変前に比べ、よりフォーマルでビジネス寄りの表現や英文が多く使われるようになりました。きちんと英文を読んで意味を理解しなければなりません。

**訳**

フォレスト運輸では、創業以来活用されてきた旧式の流通システムから脱却しようとしています。

**TOEIC テスト
の筋トレ 48**　　改変前の問題に比べて、よりフォーマルでビジネス寄りの表現や英文が多く使われるようになっています。

# 第**49**問

次の選択肢の中から正しいものを選びなさい。

Customer volume in Rideau Mall is high at the beginning and end of each month, (　　) the middle of the month tends to have less foot traffic.

(A)　since

(B)　as if

(C)　notwithstanding

(D)　whereas

---

### 単 語 の 意 味

customer volume ················· 顧客数
tend to ～ ····························· ～する傾向がある、～しがちである
foot traffic ··························· (客の) 出足

## 解 説

接続詞の問題です。

文頭からコンマまでも、空欄以降も、節［S（主語）＋V（動詞）］です。**節と節を結ぶのは接続詞です**。選択肢はすべて接続詞の用法があります。どれが正解かは、どれであれば文意が通るかで判断します。

文頭からコンマまでで「リドーモールの顧客数は、毎月上旬と下旬に多くなる」と言っていて、コンマ以降では「中旬は人の往来が少なくなる傾向にある」と言っています。

この2つの節をつないで意味が通るのは、**対比を表す接続詞である**(D)の whereas「**(～である) 一方で**」しかありません。

(A)since は「～なので、～して以来」、(B)as if は「あたかも～のように」、(C)notwithstanding は「～であるにもかかわらず」という意味の接続詞の用法がありますが、これらでは文意が通りません。

### 訳

リドーモールの顧客数は、毎月上旬と下旬に多くなる一方で、中旬は人の往来が少なくなる傾向にあります。

**TOEIC テスト
の筋トレ 49**

whereas は「(～である) 一方で」という意味の接続詞で、契約書のような少しフォーマルな英文で使われることが多いです。

第**50**問

次の選択肢の中から正しいものを選びなさい。

The renovation company provided us with a price quote that includes premium building materials ( ) a selection of fine wallpapers.

   (A) however

   (B) plus

   (C) even

   (D) rather

---

#### 単 語 の 意 味

**renovation** [rènəvéiʃən]··········· リフォーム、改築、改修
**provide** [prəváid]····················· ～を提供する、供給する
**quote** [kwóut]·························· 見積もり、見積価格
**premium** [príːmiəm]················· 高級な、上等な
**building material**················· 建材、建築材料

**解説**

前置詞の問題です。

選択肢の中で、(B)の plus 以外は副詞です。plus には前置詞、名詞、形容詞、動詞、副詞、接続詞とさまざまな用法があります。

英文の構造をチェックします。
空欄の少し前に置かれた that は関係代名詞で、先行詞 a price quote に対して主格の働きをしています。主格の働きをしているので後ろに動詞の includes が続き、その後ろに目的語である premium building materials (　) a selection of fine wallpapers が続いています。

**目的語になるのは、名詞か名詞句です。** premium building materials (　) a selection of fine wallpapers 部分が名詞句になるには、前置詞である plus「〜に加えて」を入れればいいとわかります。

plus は as well as に似た意味で使われます。as well as に書き換えるとわかりやすいです。

**訳**

リフォーム会社は、高級建材と上質な壁紙を含む見積価格を提示しました。

**TOEIC テスト
の筋トレ 50**　　　plus を前置詞として使う場合には「〜に加えて」という意味になります。

# 第51問

次の選択肢の中から正しいものを選びなさい。

Managers are reminded that they must complete each staff's performance (　　) no later than November 20.

(A) evaluation

(B) evaluate

(C) evaluated

(D) evaluating

---

### 単 語 の 意 味

**remind** [rɪmáɪnd]⋯⋯⋯⋯⋯⋯⋯⋯〜に思い出させる、気付かせる
**complete** [kəmplíːt]⋯⋯⋯⋯⋯〜を完了する、仕上げる
**performance** [pərfɔ́ːrməns]⋯⋯業績、実績
**no later than 〜**⋯⋯⋯⋯⋯⋯〜よりも遅れることなく、〜までに

## 解 説

複合名詞の問題です。

選択肢に似た形の単語が並んでいるので、品詞問題かもしれないと考えます。品詞問題の場合、空欄前後が重要になります。

空欄の少し前が each staff's と名詞の所有格になっています。**所有格に続くのは名詞か名詞句なので、performance (　) 部分は名詞句になるとわかります。**

performance (　) が名詞句になるには、空欄に名詞を入れる必要があります。

選択肢の中で名詞は(A)の evaluation「評価」だけです。performance evaluation で「業績評価」という意味になり、ビジネスで頻繁に使われます。

performance も evaluation もともに名詞ですが、〈名詞＋名詞〉で一つの名詞になっています。**複数の単語が組み合わさって一つの名詞の働きをするものを「複合名詞」と言います。**

## 訳

マネージャーの方々は 11 月 20 日までに従業員の業績評価を行わなければならないことを覚えておいてください。

---

**TOEIC テスト
の筋トレ 51**

複数の単語が組み合わさって 1 つの名詞の働きをするものを「複合名詞」と言います。例えば、performance evaluation は「業績評価」という意味の複合名詞です。

# 第52問

次の選択肢の中から正しいものを選びなさい。

Please use the assigned password and ID number to enter the virtual meeting room; (　　) else is required.

(A) nobody

(B) none

(C) nothing

(D) not

---

### 単 語 の 意 味

**assigned** [əsáɪnd]··················割り当てられた
**virtual** [vɜ́ːrtʃuəl]······················仮想の、バーチャルな、ネットワーク上の
**require** [rɪkwáɪər]······················～を必要とする、求める

難易度… ★ ★ ★ ★

**解説**

代名詞の問題です。

選択肢にはさまざまな否定語が並んでいます。
品詞的には(D)の not だけが副詞、他は全て代名詞です。どの代名詞が正解か、英文を読んで意味を考えなければなりません。

セミコロンより前で Please use the assigned password and ID number to enter the virtual meeting room;「バーチャル会議室に入るには割り当てられたパスワードと ID ナンバーを使ってください」と言っているので、これに続けるには( ) else is required の空欄部分には、**「物」を表す否定の代名詞**である (C) の nothing「何も～ない」を入れて、nothing else is required「他には何も必要ありません」とするしかありません。

(A)の nobody は「人」を表す否定の代名詞で「誰も～ない」の意味になり、文意が通りません。

(B)none は人も物も表すことのできる否定の代名詞ですが、none of ～の形で使われるため、ここでは使えません。したがって(C)の nothing が正解だとわかります。

**訳**

バーチャル会議室に入るには割り当てられたパスワードと ID ナンバーが必要ですが、他には何も必要ありません。

**TOEIC テスト
の筋トレ 52**

否定の代名詞には、「人」を表す nobody や「物」を表す nothing があり、さらにどちらも表すことができるが用法に違いがある none など多様です。それぞれの意味と用法を区別して覚えましょう。

# 第53問

次の選択肢の中から正しいものを選びなさい。

(    ) a state-of-the-art recording facility and renowned sound engineers, Shire Studios is fully booked until May of next year.

- (A) Feature
- (B) Featuring
- (C) Featured
- (D) Features

---

## 単 語 の 意 味

**state-of-the-art**······················最先端の、最新式の
**facility** [fəsíləti]······················設備、施設
**renowned** [rináʊnd]················有名な、名高い
**fully** [fúli]·····························完全に、十分に
**book** [búk]·····························〜を予約する

**解説**

**分詞構文の問題です。**

文頭に空欄があり、選択肢は全て feature の派生語で、コンマ以降に節(S+V) が続いているので、分詞構文が使われているのではと推測します。

この英文の主語は、Shire Studios です。**分詞構文では、文頭に置かれる分詞は、主節の主語を補うものです。**

空欄に現在分詞が入るのか過去分詞が入るのかは、Shire Studios が「する」のか「される」のかを考えます。

現在分詞は「〜している、〜する」という能動的な意味になり、過去分詞は「〜された、〜される」という受動的な意味になる場合が多いです。

Shire Studios と、空欄に入る分詞の元の動詞 feature「〜を特色とする」との意味的な関係を考えればいいでしょう。主節の主語である Shire Studios「シャイア・スタジオ」は、「〜を特色とする」と考えれば文意が通ります。したがって、正解は**現在分詞**である(B)の Featuring だとわかります。

**訳**

最先端のレコーディング設備と有名な音響技術者を特色とするシャイア・スタジオは、来年の5月まで予約で埋まっています。

**TOEIC テスト**
**の筋トレ 53**　　文頭に置かれる分詞構文は、主節の主語を補っているものだと考えます。

# 第54問

次の選択肢の中から正しいものを選びなさい。

Employees are reminded that time sheets are due on the last Friday of the month or the last day of the month, (　) comes first.

(A) whoever

(B) whenever

(C) whichever

(D) wherever

---

### 単 語 の 意 味

**employee** [ɪmplɔ́ii:]·················従業員
**remind** [rɪmáɪnd]·················〜に思い出させる、気付かせる
**due** [d(j)úː]·················期限が来て、締め切りの

**解説**

複合関係詞の問題です。

選択肢は全て複合関係詞です。複合関係詞には複合関係代名詞と複合関係副詞があります。
(B)whenever「いつ〜しようとも」と(D)wherever「どこで〜しようとも」は複合関係副詞です。これらは副詞の働きをするので、（　　）comes first のように主語が抜けた空欄部分に入れて使うことはできません。**副詞は主語として使えません。**

(A)whoever「〜する誰でも」と(C)whichever「〜するどちらでも」は複合関係代名詞です。**(代)名詞は主語になることができる**ので、文法的にはこれらは正解の候補になります。この2つの複合関係代名詞のうち、意味が通るものを選びます。
Employees are reminded that time sheets are due on the last Friday of the month or the last day of the month 部分の意味は「従業員の皆さんは、タイムシートの提出期限が最終金曜日または毎月末日のいずれかであることを覚えておいてください」となるので、**whichever comes first** にして、「**最初に来るどちら（の日）でも**」にすれば、文意が通ります。
つまり、(C)の whichever が正解です。
whichever comes first という表現はビジネスでも時々使います。

**訳**

従業員の皆さんは、タイムシートの提出期限が最終金曜日または毎月末日のいずれか先に来る方であることを覚えておいてください。

**TOEIC テスト
の筋トレ 54**

複合関係詞には、「(代)名詞」の働きがある複合関係代名詞と、「副詞」の働きがある複合関係副詞があることに注意しましょう。また、それぞれの意味や用法の違いも覚えましょう。

# 第55問

次の選択肢の中から正しいものを選びなさい。

Although Talbot Industries was planning to offer one of its two interns a full-time position, the manager opted to offer positions to (　).

(A)　another

(B)　one another

(C)　anyone

(D)　both

---

### 単 語 の 意 味

plan to ～··············································～する計画を立てる、～するつもりである
offer [ɔ́:fər]············································～を提供する、与える
opt to···················································～することを選ぶ

難易度… ★ ★ ★

## 解説

**代名詞の問題**です。

選択肢には全て代名詞として使える語が並んでいます。空欄前は前置詞の to です。前置詞 to の後ろに代名詞を置くことはできるので、どれが正解かは英文の意味を考えなければなりません。

コンマより前は Although Talbot Industries was planning to offer one of its two interns a full-time position「タルボット・インダストリーズでは、二人のインターンのうち一人を正社員として採用する予定だったが」とあり、接続詞 Although に続いているので、コンマ以降は逆の意味になるはずです。
そうなると、コンマ以降では「どちらも採用しなかった」か「どちらも採用した」という内容が続くと考えられます。選択肢には否定の代名詞がないため、後者の「どちらも採用した」が正解だとわかります。

選択肢の中で、「（二者の中で）どちらも」の意味を表せるのは、both だけです。したがって、(D)の both が正解です。

(A)another「もう一人」、(B)one another「お互い」、(C)anyone「誰でも」では、文意が通りません。

## 訳

タルボット・インダストリーズでは、二人のインターンのうち一人を正社員として採用する予定でしたが、マネージャーは両者に職を提供することにしました。

**TOEIC テストの筋トレ 55**
both は「（二者の中で）どちらも」という意味の代名詞として使うことができます。
both は他にも形容詞、副詞としての用法があります。

# 第56問

次の選択肢の中から正しいものを選びなさい。

Silverstone Pharmaceuticals has decided to build
(　　　) cold storage warehouses in order to
accommodate its vaccines.

- (A) some
- (B) much
- (C) which
- (D) any

---

### 単 語 の 意 味

**decide to ～**……………………～することに決める
**storage** [stɔ́:rɪdʒ]……………………保管、格納
**warehouse** [wéərhàus]…………倉庫
**in order to ～**……………………～するために
**accommodate** [əká:mədèɪt]…～を収容する、収納する
**vaccine** [væksí:n]……………………ワクチン

**解説**

**語彙問題**です。

選択肢を見ると、(C)の which 以外は名詞を修飾する形容詞なので、適切な形容詞はどれかを選ぶ問題ではないかと推測します。

(　　) cold storage warehouses の空欄部分に入る形容詞がどれなのか、残り3つの選択肢から選びます。

まず、(B)の much は、不可算名詞（数えられない名詞）しか修飾できませんので、warehouses のような複数形の名詞が後ろにくることはありません。

(A)の some と(D)の any は、どちらも可算名詞（数えられる名詞）も不可算名詞も修飾できますが、any を肯定文で使うときは後ろに単数名詞を置き「どんな〜でも」という意味になるので、文法的にも意味的にも間違いだとわかります。

**some は肯定文で「いくつかの〜」という意味となり、複数名詞を修飾できる**ので、「いくつかの低温倉庫」となり、文意も通ります。したがって、(A)の some が正解です。

**訳**

シルバーストーン製薬では、ワクチンを収納するための低温倉庫をいくつか建設することに決めました。

**TOEIC テスト
の筋トレ 56**　　肯定／否定／疑問文などの違いによって、使える形容詞が異なることに注意しましょう。

次の選択肢の中から正しいものを選びなさい。

Today is the last day (　　) the Black Friday sale on merchandise at our brick and mortar and online retailers.

(A) for

(B) by

(C) with

(D) in

---

### 単 語 の 意 味

**merchandise** [mə́:rtʃəndàɪz] ····· 商品、製品
**brick and mortar** ················· 電子取引を行っていない、従来型の
**retailer** [rí:tèɪlər] ····················· 小売業者、小売店

### 解 説

前置詞の問題です。

選択肢には前置詞が並んでいるので、前置詞の問題だとわかります。

前置詞の問題の場合、少し長めに英文を読まなければならない問題もありますが、この問題は空欄前後の the last day (　　) the Black Friday sale on merchandise 部分をチェックするだけで解けます。

「商品のブラック・フライデー・セールのための最終日」とすればいいとわかります。
**「〜のための、〜を目的とした」という場合には、前置詞の for を使います。** したがって、(A)の for が正解です。

前置詞の問題は、繰り返し出題されるものもありますが、さまざまな表現が出題されるため、問題集を使っての学習には限界があります。語彙問題と同様、日頃から英文を読んで語感を鍛えている人が有利です。

### 訳

当店の実店舗およびオンラインショップの商品のブラック・フライデー・セールは本日が最終日となります。

---

**TOEIC テストの筋トレ 57** 　前置詞の問題は、日頃から英文を読んで語感を鍛えている人が有利です。

# 第58問

次の選択肢の中から正しいものを選びなさい。

In order to meet the high demand for its products, the plant manager set machines at ( ) the standard speed.

(A) almost

(B) twice

(C) completely

(D) well

---

### 単 語 の 意 味

**in order to 〜**·······················〜するために
**meet demand for 〜**············〜の需要を満たす
**product** [prá:dəkt]·····················製品、生産品
**plant manager**······················工場長

## 解説

適切な意味の副詞を選ぶ問題です。

選択肢は全て副詞です。at (　) the standard speed は、空欄がなければ「標準的な速度で」という意味になります。

本来、副詞が〈前置詞＋名詞〉を修飾するときは、〈副詞＋前置詞＋（形容詞）＋名詞〉の語順になりますが、この問題では〈前置詞＋副詞＋the＋形容詞＋名詞〉の語順になってしまっています。

このような順で置ける副詞には限りがあり、選択肢の中では(B)の twice だけです。at twice the standard speed「標準速度の二倍で」という意味になります。このような使い方のできる副詞は、他に double、half などがあります。

倍数を表す場合、例えば The city is twice as large as Boston. と言いますが、この英文を The city is twice the size of Boston. と言い換えることができます。

つまり、twice as large as のような〈倍数＋as＋形容詞＋as〜〉は〈倍数＋the＋名詞＋of 〜〉の形でも表現できるのです。比較対象がある場合には、このように、さらに後ろに of 〜を続けますが、問題文では比較しているものはありません。

「倍数」は普通「数詞＋times」で表しますが、この問題では twice が使われています。twice「2倍に」は twice times とはせず、twice という形で使われます。

## 訳

同社製品への高い需要を満たすべく、工場長は機械を標準速度の二倍に設定しました。

---

**TOEIC テスト の筋トレ 58**

〈前置詞＋（　）＋the＋形容詞＋名詞〉の空所に入れられる副詞は、今回の解答となる twice 以外に double、half などがあります。

# 第59問

次の選択肢の中から正しいものを選びなさい。

It is up to the regional (　　　) to make announcements regarding road or facility closures due to inclement weather conditions.

(A) coordinators

(B) assumptions

(C) authorities

(D) visitors

---

### 単 語 の 意 味

**up to ～** ································· ～次第で
**regional** [ríːdʒənl] ················ 地方の、地域の
**regarding** [rɪɡáːrdɪŋ] ············· ～に関して、～の点で
**facility** [fəsíləti] ··················· 施設、設備
**closure** [klóuʒər] ··················· 閉鎖
**inclement weather** ············· 悪天候

解説

語彙問題です。

語彙問題は英文を読み、全体の意味を考えなければなりません。

直訳すると、「悪天候による道路や施設の閉鎖に関する発表は地方の〜次第だ」という意味になります。この英文の「〜」部分に何を入れればいいのかを考えます。

(C)の authorities「当局」であれば、文意が通ります。
authority（-ies が付かない形）の場合は、「（職務）権限、職権」という意味になります。TOEIC テストには authority も authorities も両方とも出題されます。それぞれ意味が異なりますが、一緒に覚えましょう。

また、authority も authorities も語彙問題としてだけでなく、品詞問題としても出題されます。

訳

悪天候による道路や施設の閉鎖に関する発表は地方自治体の判断で行います。

TOEIC テスト
の筋トレ 59

authority は「（職務）権限、職権」、authorities は「当局」という意味の名詞です。
どちらも出題されます。

第**60**問

次の選択肢の中から正しいものを選びなさい。

In order to attract more attention to the problem, the government is considering (　　) a Web site on environmental issues.

- (A)  to create
- (B)  create
- (C)  creating
- (D)  created

---

### 単 語 の 意 味

**in order to ~** ……………………~するために
**attract** [ətrǽkt] ………………(注意、興味など)を引く
**attention** [əténʃən] ……………注意、注目
**consider** [kənsídər] ……………(~すること)を検討する、考える
**issue** [íʃuː] ………………………問題、問題点

**解説**

動名詞の問題です。

他動詞には目的語として動名詞しかとれないもの、不定詞しかとれないもの、両方とれて意味が同じもの、両方とれて意味が異なるものがあります。

consider は後ろにくる目的語として、動名詞しかとれない他動詞です。したがって、動名詞である (C) の creating が正解です。

これはトリック問題です。
空欄直前が is considering となっているので、力がない人は is considering creating と［〜ing 形］が2つ続くのはおかしいと思ってしまい、正解である creating を選べないのです。

最初の is considering は進行形なので、現在分詞の〜ing です。対して、空欄に入るのは動名詞の〜ing なので、続けて使っても問題はありません。

動名詞は、動詞を［〜ing 形］にすることで名詞的な役割を持たせたもので「〜すること」という意味になります。

**訳**

その問題にもっと関心を持ってもらうために、政府は環境問題に関するウェブサイト作成を検討しています。

**TOEIC テスト
の筋トレ 60**　　consider は目的語に動名詞しか取れない他動詞です。

# YouTube、はじめました。

2021年3月から、YouTubeを始めました。「教室の動画があるのだからYouTubeをやったら」というアドバイスをいただいたのです。

ここでも、コラム1でご紹介した石川さんとTさんが八面六臂の大活躍です。カメラ担当のTさんが作成し、石川さんがサムネイル作成とYouTubeの配信をしてくれています。Tさんは教室内容を秒単位でカットし、センスの良い凝った面白動画を作ってくれています。YouTube作成は若い人でないとうまく作れない、という私の先入観がくずれた瞬間です。

私の本を読んだ人がさらにYouTubeを見て、「教室に参加したくなった」という声も、ちらほら出始めています。

最近は教室内容の編集に加えて、私がテーマを決めて自分で話す、オリジナル動画も作っています。

そんなYouTube配信で特に評判がいいのが、「パート7」について説明している回です。どんなことを喋っているか、簡単にまとめてみます。

「パート7攻略について、ノウハウだけでどうにかなると思っていたら、甘すぎです。私はノウハウは教えます。でも、ノウハウだけではダメ、しつこいですけど。読む力をつけるには地道な努力が必要です。そこを飛ばしてできるようになる、というのはありえないんです。

ノウハウも大事ですが、それとは別に読む力はご自分で習得しなければなりません。

まず単語を覚え、文法をマスターする。→どれが主語でどれが動詞でどれが修飾語かなどの構文の理解をする（この段階では戻り読み）。→いつまでも戻り読みをしていると読む速

度が遅くなるので、文法の切れ目でスラッシュを入れながら頭から読めるようにする、いわゆるスラッシュリーディングの練習をする。→スラッシュを入れなくても頭からすらすら読めるようにする。→問題ごとに時間をはかってパート7の問題をいっぱい解く（決められた時間内に読む訓練をする）」

　YouTube では他にも、
「パート7では、英文のジャンルと設問の種類を意識する、ということです。ジャンルにどういうのがあるかというと、記事、メール、手紙、広告、Web ページなどです。
　設問の種類はいろいろあります。
　このジャンルが出たら英文のココを見る、というのがあるんです。例えば、ジャンルが記事の場合、『記事の主題はどこにあるか？』という設問がよく出ます。
　記事で言いたいことは頭でいうわけでしょ。1文目。1文目が短かったら2文目も読む。
　メールは記事ほどフォーマルではないから、1パラグラフ目を読んでください。だいたい答えがあります。
　手紙の場合は目的が出るまで、上から一気に読む」
（詳細は拙著『TOEICL&R テストパート7攻略（ダイヤモンド社）』に書いていますのでご参照ください）

　……こんな感じで、TOEIC について喋っています。是非一度、覗いてみてください。

ユーチューブ

TOEIC®
LISTENING
AND
READING TEST

Lesson

# 3

# 「七転び八起き」

# 30問

この本の真ん中になりました。
だいぶ英語の筋肉がついてきましたよ。
自覚はないかもしれませんが、
ここまで真面目に取り組んできた人は、
間違いなく力がついています。
さあ、もうひとふんばりです。

# 第61問

次の選択肢の中から正しいものを選びなさい。

The acquisition of Duplex Digital will move ahead quickly ( ) approved by a majority of the board of directors.

(A) yet

(B) toward

(C) if

(D) so

---

#### 単 語 の 意 味

**acquisition** [æ̀kwəzíʃən] ·········· 買収
**move ahead** ························· 前進する
**approve** [əprúːv] ····················· ～を承認する
**a majority of ～** ···················· ～の過半数、大部分
**the board of directors** ········· 取締役会

## 解説

接続詞の問題です。

この問題を解くには空欄直後に it is が省略されていることに
気が付かなければなりません。

空欄前は節［S（主語）＋V（動詞）］です。空欄直後に it is
（主語＋be動詞）の省略があると考えると、空欄後も節です。
節と節を結ぶのは接続詞です。選択肢の中で(B)の toward だ
けが前置詞で、他は接続詞の用法があります。

(A)yet、(C)if、(D)so のどれが正解かは、どれであれば文意
が通るかで判断します。

空欄前までで「デュプレックスデジタル社の買収は迅速に進む
だろう」と言っていて、空欄後に it is を補うと空欄以降では
「それが取締役会の過半数の承認が得られる」と言っています。
この2つの節をつないで意味が通るのは、条件を表す接続詞で
ある(C)の if「もし〜ならば」しかありません。

(A)yet は「けれども、それにもかかわらず」、(D)so は「だか
ら、そのため」という意味で接続詞としての用法があります
が、これらでは文意が通りません。

## 訳

デュプレックスデジタル社の買収は、取締役会の過半数の承認が得られれ
ば迅速に進むでしょう。

**TOEIC テスト
の筋トレ 61**　　　if は「もし〜ならば」という意味の接続詞です。
　　　　　　　　　節と節を結ぶのは接続詞です。

# 第62問

できたら…○
できなかったら…×

次の選択肢の中から正しいものを選びなさい。

(　　) the number of people searching for accommodations closer to their office has been increasing.

- (A) Late
- (B) Later
- (C) Latest
- (D) Lately

---

### 単 語 の 意 味

the number of 〜 ……………………〜の数
search for 〜 …………………………〜を探す、物色する
accommodation [əkɑ̀:mədéɪʃən]……部屋、宿泊施設
closer to 〜 ……………………………〜により近い

**解説**

副詞の問題です。

選択肢に似た形の単語が並んでいるので、品詞問題かもしれないと考えます。

空欄以降をチェックします。主語が the number of people、現在分詞 searching に続く searching for accommodations closer to their office 部分は the number of people を説明する修飾語、動詞部分が has been increasing で、完全文です。

ということは、空欄に入るのは**文全体を修飾する副詞**だとわかります。したがって、副詞である(D)の Lately「最近、近ごろ」が正解です。

**副詞は文全体だけでなく、形容詞、動詞、他の副詞、副詞句、節を修飾します。**

品詞問題は毎回6問前後出題されていますが、中でも副詞の問題の出題が多いです。この問題のように、文全体を修飾する副詞を選ばせる問題は出題頻度は高くはありませんが、忘れた頃に出題されます。

**訳**

最近は会社により近い部屋を探す人が増えています。

**TOEIC テスト
の筋トレ 62**　　文全体を修飾するのは副詞です。lately は「最近、近ごろ」という意味の副詞です。

# 第63問

次の選択肢の中から正しいものを選びなさい。

Please remember that (　　) to the backstage area during a performance is strictly prohibited to anyone without a security pass.

      (A)　access

      (B)　accessible

      (C)　accessing

      (D)　accessibility

---

#### 単 語 の 意 味

**remember** [rɪmémbər] ············· ～を念頭に置く、思い出す
**strictly** [stríktli] ····················· 厳しく、厳重に
**prohibit** [prouhíbət] ················· ～を禁止する

**解説**

**名詞の問題**です。

選択肢の形が似ているので、品詞問題かもしれないと考えましょう。品詞問題では空欄前後が重要になります。

他動詞 remember の後ろには、remember の目的語の that 節［that＋S（主語）＋V（動詞）］が続いています。
この S にあたる部分が（　）to the backstage area で、V にあたる部分が is strictly prohibited です。during a performance 部分は修飾語です。

**主語は名詞句になる**はずです。　接続詞 that に続く（　）to the backstage area が名詞句になるにはどうすればいいのかを考えます。

to the backstage area 部分は〈前置詞＋名詞句〉と修飾語なのでこの部分をカッコでくくると、空欄には名詞が入るとわかります。

正解は(A)の access「**近づくこと、アクセス**」です。(D)の accessibility も名詞ですが「近づきやすさ」という意味なのでここでは使えません。access には名詞以外に動詞としての用法もあります。

**訳**

セキュリティパスをお持ちでない方の公演中の舞台裏への立ち入りは、固くお断りいたします。

**TOEIC テスト
の筋トレ 63**　　　主語になるのは、名詞か名詞句です。

# 第64問

次の選択肢の中から正しいものを選びなさい。

Because of the recent decline in real estate prices within the city, ownership has become ( ) inexpensive.

(A) rarely

(B) comparatively

(C) primarily

(D) deliberately

---

### 単 語 の 意 味

**recent** [ríːsnt]····························最近の、近ごろの
**decline in 〜**······················〜の下落、減少
**real estate price**··················不動産価格
**ownership** [óunərʃip]··············所有、所有権
**inexpensive** [ìnɪkspénsɪv]········安価な、（価格が）安い

**解説**

適切な意味の副詞を選ぶ問題です。

選択肢にはさまざまな副詞が並んでいるので、適切な意味の副詞を選ぶ問題だとわかります。英文の意味を考えて文意に合う副詞を選ばなければならないので、語彙問題に似ています。

「市内の不動産価格が近年下落しているため、所有は〜安価になっている」という英文で、「〜」部分に入れて文意が通る副詞は何かを考えます。

(B)の comparatively「比較的」であれば、文意が通ります。

(A)rarely「めったに〜しない」、(C)primarily「第一に、主に」、(D)deliberately「意図的に、故意に」では、文意が通りません。

**訳**

市内の不動産価格が近年下落しているため、所有は比較的安価になっています。

comparatively は「比較的」という意味の副詞です。

次の選択肢の中から正しいものを選びなさい。

Klein Investments has (　　) maintained the trust of its clients throughout the firm's 30 years in the finance industry.

(A) skilled

(B) skills

(C) skillfulness

(D) skillfully

---

### 単 語 の 意 味

**maintain** [meɪntéɪn]‥‥‥‥‥‥‥‥‥‥〜を維持する、保つ
**trust** [trʌ́st]‥‥‥‥‥‥‥‥‥‥‥‥‥‥‥‥信頼、信用
**throughout** [θruáut]‥‥‥‥‥‥‥‥〜の間中、〜を通してずっと
**finance** [fáɪnæns]‥‥‥‥‥‥‥‥‥‥‥金融、財務

## 解説

副詞の問題です。

選択肢に似た形の単語が並んでいるので、品詞問題かもしれないと考えます。品詞問題の場合、空欄前後が重要になります。

空欄前後は has ( ) maintained と、動詞部分が現在完了形になっています。
**動詞を修飾するのは副詞なので、副詞の (D) skillfully「上手に、巧みに」を選べば正しい英文になります。**

副詞は動詞、形容詞、他の副詞、副詞句、節、文全体を修飾します。

簡単な問題ですが、動詞部分が現在完了形や受動態や進行形になっていたり、現在完了形でかつ受動態になっていたりすると間違える人がいます。形はどのようであれ、動詞を修飾するのは副詞です。

## 訳

クライン・インベストメント社は、金融業界で 30 年にわたりクライアントの信頼をうまく維持してきました。

**TOEIC テスト
の筋トレ 65**　　　品詞問題では空欄前後が重要になります。

できたら…○
できなかったら…×

次の選択肢の中から正しいものを選びなさい。

The new application software has a safeguard that prevents users from (　　) address book entries by mistake.

  (A) delete

  (B) deleted

  (C) deletes

  (D) deleting

### 単 語 の 意 味

**application** [æplɪkéɪʃən]………… アプリケーション、（略）APP
**safeguard** [séɪfgɑ̀ːrd] …………… 安全装置
**prevent ～ from ...** ……………… ～が…することを防ぐ
**entry** [éntri] ………………………… 入力、登録、記入

**解説**

動名詞の問題です。

空欄前は前置詞の from です。前置詞の後ろは、名詞か名詞句が続きます。
また、空欄後に address book entries と目的語が続いているので、空欄には動詞の働きをするものを入れなければなりません。

動詞の働きをし名詞句を作るのは動名詞なので、正解は(D)の deleting「〜を削除すること」です。

動名詞は、動詞を〜ing 形にすることで名詞的な役割を持たせたもので、「〜すること」という意味になります。

**訳**

新しいアプリケーションソフトには、ユーザーがアドレス帳の登録先を誤って削除してしまうのを防ぐ安全機能がついています。

**TOEIC テスト
の筋トレ 66**　　前置詞の後ろに動詞の働きをする語を置きたい場合には、動名詞を使います。

# 第67問

次の選択肢の中から正しいものを選びなさい。

According to a Westman Consulting spokesperson, new regulations regarding the secure storage of client data will go into effect (　) May 1.

(A) excluding

(B) including

(C) starting

(D) indicating

---

### 単 語 の 意 味

according to ～ ···················～によれば
regulation [règjəléıʃən] ···········条例、規制、規則
regarding [rıgáːrdıŋ] ···············～に関する
secure [sıkjúər] ·····················安全な
storage [stɔ́ːrıdʒ] ··················保管、格納
go into effect ·······················実施される、発効される

**解説**

語彙問題です。

語彙問題は英文を読み、全体の意味を考えなければなりません。

「starting 日付」は頻繁に使われる表現なので、日ごろから英文を読み慣れていれば go into effect (　) May 1 部分を見ただけで瞬殺できる問題です。

「〜（日付）から始まる」と言う場合、start on/in とか begin on/in となります。on や in のように前置詞をつけるのは間違いではありませんが、前置詞の on/in を省略するのが最も自然な形です。

start / begin を〜ing 形を使った形に変えて書き直すと、「starting 日付」や「beginning 日付」になります。したがって、(C) の starting が正解です。

この英文では starting May 1 となり、「5月1日から」という意味になります。この場合、starting 〜 / beginning 〜 は前置詞的に用いられていると見なすこともできます。

**訳**

ウェストマン・コンサルティングの広報担当者によると、顧客データの安全な保存方法に関する新条例は5月1日から施行されます。

---

**TOEIC テスト
の筋トレ 67**　　「starting 日付」は「〜から始まる」という意味になります。

# 第68問

次の選択肢の中から正しいものを選びなさい。

Although there is a (　　) meeting scheduled for tomorrow morning, all employees who have appointments with clients will be excused.

(A)　relevant

(B)　voluntary

(C)　mandatory

(D)　prominent

---

### 単 語 の 意 味

**schedule** [skédʒuːl]……………〜を予定に入れる
**employee** [ɪmplɔ́iː]………………従業員、会社員
**appointment** [əpɔ́ɪntmənt]……予約、約束
**excuse** [ɪkskjúːz]………………〜を免除する、〜に退出を許す

**解説**

語彙問題です。

語彙問題は英文を読み、全体の意味を考えなければなりません。

「明日の朝に〜会議が予定されていますが、クライアントとの予約がある従業員は全員出席が免除される」という英文で、「〜」部分に何を入れればいいのかを考えます。

(C)のmandatory「命令の、強制的な」であれば、文意が通ります。

mandatoryは、外資系企業などでは半ば日本語のように使われている単語です。このように、ビジネスの現場で使われている単語の出題も増えています。

(A)relevant「関係のある、関連のある」、(B)voluntary「自発的な、自由意志の」、(D)prominent「目立った、卓越した」では、どれも文意が通りません。
誤答であるこれらの単語も、過去に語彙問題として出題されています。

**訳**

明日の朝に参加必須の会議が予定されていますが、クライアントとの予約がある従業員は全員出席が免除されます。

**TOEICテスト
の筋トレ 68**

mandatory「命令の、強制的な」など、ビジネスの現場で使われている単語の出題も増えています。

第**69**問

次の選択肢の中から正しいものを選びなさい。

In order to save time, Ms. Wilson completed the conference registration (　　) the organizing committee's Web site.

(A) of

(B) in

(C) for

(D) on

### 単 語 の 意 味

**in order to 〜** ························· 〜するために
**complete** [kəmplíːt] ················ 〜を完了する、終了する
**registration** [rèdʒəstréɪʃən] ····· 登録、記載
**organizing committee** ········· 組織委員会

**解説**

前置詞の問題です。

選択肢には前置詞が並んでいるので、前置詞の問題だとわかります。

前置詞の問題の場合、少し長めに英文を読まなければならない問題もありますが、この問題は空欄後の the organizing committee's Web site 部分をチェックするだけで解けます。

「ウェブサイトで」という場合には、前置詞には on か through を使います。したがって、(D) の on が正解です。かなり前になりますが、through も出題されています。

前置詞の問題は、繰り返し出題されるものもありますが、さまざまな表現が出題されるため、問題集を使っての学習には限界があります。語彙問題と同様、日頃から英文を読んで語感を鍛えている人が有利です。

**訳**

時間の節約のため、ウィルソンさんは組織委員会のウェブサイトで会議の登録を完了しました。

**TOEIC テストの筋トレ 69**　前置詞の問題は、日頃から英文を読んで語感を鍛えている人が有利です。

# 第70問

次の選択肢の中から正しいものを選びなさい。

Please ensure that you recognize the name of the sender (　　　) downloading files on your company-issued computer.

    (A)　even

    (B)　then

    (C)　when

    (D)　that

---

### 単 語 の 意 味

**ensure** [ɪnʃúər]······························～を確かにする、確実にする
**recognize** [rékəgnàɪz]··············～を見分ける、認識する
**sender** [séndər]··························送信者、発送人
**company-issued**··················会社支給の

## 解説

接続詞の問題です。

「時」を表す副詞節を含む文で、主節と副詞節の主語が同じ場合、副詞節の主語を省略し、かつ副詞節の動詞を現在分詞に変えることができます。

したがって、空欄には「時」を表す接続詞が入るとわかります。選択肢の中でそれに該当するのは、(B) の when だけです。

空欄以降を節の形に書き換えると、(when) you download files on your company-issued computer となります。この英文の、when の後ろの you を省略し、動詞 download を現在分詞 downloading に変えると、問題文で出てきた下記の英文のようになります。

(when) downloading files on your company-issued computer

同じく、「時」を表す接続詞 while を問う問題が出題されることもありますが、考え方は while の場合も when の場合と同じです。
また、接続詞部分ではなく、接続詞に続く現在分詞部分が空欄となって出題されることもあります。定期的に出題される問題です。

## 訳

会社支給のコンピューターにファイルをダウンロードするときには、送信者の名前が見分けのつくものであることを確認してください。

**TOEIC テスト
の筋トレ 70**

「時」を表す副詞節を含む文で、主節と副詞節の主語が同じ場合、副詞節の主語を省略し、かつ副詞節の動詞を現在分詞に変えることができます。

# 第71問

次の選択肢の中から正しいものを選びなさい。

Mary Donaldson was praised by management because of (　　) outstanding efforts to keep the project deadlines.

(A) her

(B) herself

(C) hers

(D) she

---

#### 単 語 の 意 味

**praise** [préɪz]…………………………〜を褒める、賞賛する
**management** [mǽnɪdʒmənt]……経営陣、経営者
**outstanding** [àutstǽndɪŋ]………突出した、目立った
**keep the deadline**………………締め切りを守る

**解説**

代名詞の問題です。

選択肢にはさまざまな形の代名詞が並んでいます。

「メアリー・ドナルドソンさんは経営陣によって褒められた」とあり、because of 以降にその理由が書かれています。

空欄直後には outstanding efforts「並々ならぬ努力」という名詞句が続いています。
**名詞句の前に置くことができる代名詞は Mary Donaldson を指す代名詞の所有格しかありません。**したがって(A)の her「彼女の」が正解です。

「代名詞の格を問う問題」は瞬殺できる非常に簡単な問題ですが、ほぼ毎回出題されます。このような問題は1秒以内で解くようにしましょう。

**訳**

メアリー・ドナルドソンさんは、プロジェクトの期限を守るための並々ならぬ努力を経営陣より褒められました。

**TOEIC テスト
の筋トレ 71**　　「代名詞の格を問う問題」は簡単な問題。瞬殺しよう。

# 第72問

次の選択肢の中から正しいものを選びなさい。

Wellington Foods announced that it will replace all of its gas-powered delivery trucks (　) electric vehicles by the end of this year.

    (A)　over

    (B)　with

    (C)　along

    (D)　for

---

### 単 語 の 意 味

**delivery** [dilívəri]·····················配送、配送物
**electric vehicle**·····················電気自動車

**解説**

前置詞の問題です。

選択肢には前置詞が並んでいるので、どの前置詞を入れれば英文の意味が通るか考えます。大きなヒントは英文で使われている動詞の replace です。

英文を読むと、「ウェリントンフーズは、年内に全ての配送用トラックをガソリン車から電気自動車に取り替えると発表した」と言いたいのだろうと推測できます。

replace A with B で「A を B に取り替える」という意味になります。したがって、(B)の with が正解です。

問題文では A にあたるのが all of its gas-powered delivery trucks「ガソリンで動く配送車」で、B にあたるのが electric vehicles「電気自動車」です。

動詞 replace「〜 を取り替える、交換する」も名詞の replacement「交換品、交替要員」も語彙問題として出題されます。

**訳**

ウェリントンフーズは、年内に全ての配送用トラックをガソリン車から電気自動車に切り替えると発表しました。

replace A with B で「A を B に取り替える」という意味になります。

# 第73問

次の選択肢の中から正しいものを選びなさい。

The management position posted by the human resources department is open to (　) who has at least three years' sales experience.

(A) anyone

(B) some

(C) them

(D) many

---

### 単 語 の 意 味

**management** [mǽnɪdʒmənt] ············· 管理者
**post** [póust] ······································ ～を公示する、掲示する
**human resources department** ····· 人事部
**open** [óupən] ···································· 開かれた、門戸を開放した
**at least** ········································· 少なくとも

**解説**

**代名詞の問題**です。

選択肢には代名詞が並んでいます。適切な代名詞を選ぶ問題です。

空欄直後の who は後ろに動詞が続いているので、関係代名詞の主格の who だとわかります。関係代名詞の前には先行詞が必要です。先行詞になるのは、名詞か代名詞です。

意味を考えると「少なくとも 3 年の営業経験がある〜」となるはずで、この空欄部分に入れて文意が通るのはどれかを考えます。

(A)の anyone **「誰でも」**であれば「少なくとも 3 年の営業経験がある誰もに門戸を開放している」となり、文意が通ります。したがって、(A)の anyone が正解です。

anyone は肯定文では「誰でも、どの人も」、疑問文では「誰か、誰でも」、否定文では「誰も、どの人も」という意味になります。この英文は肯定文なので「誰でも、どの人も」という意味で使われています。

代名詞として使う場合、(B)の some は「一部（の人々）」、(D)の many は「多数の人 [物]」という意味になり、文意が通りません。(C)の them「彼らに [を]」は、何を指すのかがわかりません。

**訳**

人事部によって掲示されている管理職のポジションは、少なくとも 3 年の営業経験がある誰もが応募できます。

---

**TOEIC テストの筋トレ 73**

代名詞の anyone は肯定文で使われる場合には、「誰でも、どの人も」という意味になります。

# 第74問

次の選択肢の中から正しいものを選びなさい。

The broadcaster prohibits the use of clothing
(　　) text or logos that may be inappropriate to
viewers.

(A)　designing

(B)　copying

(C)　printing

(D)　bearing

---

### 単 語 の 意 味

**broadcaster** [brɔ́ːdkæstər]……テレビ局、放送局
**prohibit** [prouhíbət]………………〜を禁止する
**text** [tékst]……………………………文字、文章、本文
**inappropriate** [ìnəpróupriət]…不適切な、妥当でない
**viewer** [vjúːər]………………………視聴者

**解説**

適切な意味の動詞を選ぶ問題です。

空欄前に名詞の clothing が置かれ、空欄後には text or logos と続いているので、空欄には名詞 clothing を修飾する現在分詞が入るのではと推測できます。

選択肢には、さまざまな現在分詞が並んでいます。**分詞は動詞の派生語なので、動詞の意味を考えて正解を選びます。**適切な意味の動詞を選ぶ問題と同じで、英文を読んで全体の意味を考えなければなりません。

「テレビ局では視聴者に不適切な可能性のある文字やロゴが〜洋服の着用を禁止している」という英文で、「〜」部分に入れて文意が通るのは(D)の bearing です。

**bear は「〜を持つ、有する」という意味の動詞です。**ここでは分詞で使っているので、「文字やロゴが付いている洋服の着用」となり、「付いている」という意味で使われています。

少し難しい問題です。正解するには分詞の使い方を理解し、この英文が読めなければなりません。(C)の designing「デザインしている」、(B)の copying「複製している」、(C)の printing「印刷している」では、文意が通りません。

(C)の printing を間違って選んだ人もいるかと思います。この文脈で print を分詞で使う場合は text or logos printed on clothing のように過去分詞の printed となります。

**訳**

テレビ局では視聴者に不適切な可能性のある文字やロゴが付いている洋服の着用を禁止しています。

**TOEIC テスト
の筋トレ 74**　　　分詞は動詞の派生語なので、動詞の意味を考えて正解を選びます。

# 第75問

次の選択肢の中から正しいものを選びなさい。

Sarah Lee is renowned to be very (　　) to customer complaints and has the best achievement record of any store manager in our entire chain.

(A) responsive

(B) responsibilities

(C) responsively

(D) responded

---

### 単 語 の 意 味

**renowned** [rináund]················名高い、名声のある
**complaint** [kəmpléint]·············苦情、不平、クレーム
**achievement** [ətʃí:vmənt]········業績、成果

**解 説**

**形容詞の問題**です。

選択肢に似た形の単語が並んでいるので、品詞問題かもしれないと考えます。品詞問題の場合、空欄前後が重要になります。

be renowned は be known と意味も用法も似ていて、to 不定詞を後ろにとって「〜であることで知られている」という意味になります。この英文でも Sarah Lee is renowned「サラ・リーさんは知られている」に to be very (　　) と to 不定詞が続き、「サラ・リーさんはとても〜であることで知られている」という意味になります。

**be 動詞の後ろには、名詞か形容詞が続きます。**しかし、名詞である(B)の responsibilities を入れた場合、空欄前に副詞の very を置くことはできません。
**形容詞**である(A)の **responsive「すぐに応答する」**であれば、形容詞を修飾する副詞としての very を空欄直前に置くことができます。

be 動詞に続く形容詞を入れる問題で、力のない人を戸惑わせようと、be 動詞と形容詞の間に「形容詞を修飾する副詞」が置かれていることはよくあります。
問題のポイントが何かを瞬時に把握することが大事です。

**訳**

サラ・リーさんは顧客の苦情に対してとても迅速に応答することで知られていて、チェーン店全体でどの店舗のマネージャーよりも最も優れた業績を達成しています。

**TOEIC テスト
の筋トレ 75**　　be 動詞と形容詞の間に「形容詞を修飾する副詞」を置いて惑わせることはよくあるので、気をつけましょう。

# 第76問

次の選択肢の中から正しいものを選びなさい。

The results of the latest research were (　　) , so the board of directors has decided to approve the proposed market expansion plan.

- (A) intrigue
- (B) intrigues
- (C) intrigued
- (D) intriguing

---

### 単 語 の 意 味

latest [léɪtɪst] ·························· 最新の、最近の
the board of directors ········· 取締役会、役員会、理事会
decide [dɪsáɪd] ······················ (〜すること) に決める
approve [əprúːv] ···················· 〜を承認する
market expansion ·············· 市場拡大

**解説**

態を問う問題です。

空欄前が were と be 動詞になっています。be 動詞の後ろに続くのは、名詞か形容詞です。

選択肢に名詞はありませんが、形容詞の働きをする分詞として (C)の intrigued と (D)の intriguing があります。これらから、能動態か受動態かの「態を問う問題」だろうとわかります。

能動態であれば(D)の intriguing が正解で、受動態であれば (C)の intrigued が正解だとわかります。**能動態なのか受動態なのかは、主語と動詞の意味的な関係を考えます。**

主語は The results of the latest research で、動詞部分が were (   )です。「最新の調査結果は興味深かった」となるはずなので、能動態を作る現在分詞である(D)の intriguing「興味をそそる」が正解だとわかります。

この問題を難しくしているのは、intriguing という語彙です。intrigue「〜の興味をそそる、関心を抱かせる」という動詞の派生語ですが、intrigue という意味を知らない人が多いと思います。この単語の意味さえ知っていれば、簡単な問題です。最近はこの問題のように、少し難しい語彙が使われることも多いです。

**訳**

最新の調査結果は興味深いものであり、取締役会は提案されていた市場拡大計画を承認することにしました。

**TOEIC テスト
の筋トレ 76**　　能動態か受動態かの「態を問う問題」では、主語と動詞の意味的な関係を考えます。

# 第77問

次の選択肢の中から正しいものを選びなさい。

Elgin town council members decided that residents (　　) houses were built before 2010 would not be affected by the new regulation.

(A) whom

(B) whose

(C) whomever

(D) who

---

### 単 語 の 意 味

town council························町議会
resident [rézədənt]··················住民、住人
affect [əfékt]·····················〜に影響を与える
regulation [règjəléɪʃən]··········規制、規則

## 解説

**関係代名詞の問題です。**

選択肢には関係代名詞が並んでいるので、関係代名詞の問題ではないかと考えます。

この英文の主語は Elgin town council members、動詞が decided、この decided に続く that 節 (that + S + V) が目的語です。

that 節内をチェックします。
residents が主語で、would not be affected が動詞です。that 節内の主語である residents を修飾するのが、(　) houses were built before 2010 です。「2010 年以前に建てられた家の住民」とすれば、意味がつながります。

ここでは先行詞は residents で、「人」です。**先行詞が人であっても物であっても、「〜の」という意味で先行詞の所有格となる場合には関係代名詞 whose を使います。**したがって、関係代名詞の所有格である (B) の whose が正解です。

## 訳

エルジン町議会は、2010 年以前に建てられた家の住民は新規制の影響を受けないと決定しました。

---

**TOEIC テストの筋トレ 77**

「先行詞の所有格」の働きをする関係代名詞は whose です。先行詞が「人」の場合も「物」の場合も同じです。

# 第78問

次の選択肢の中から正しいものを選びなさい。

Since April 1, interns at Gallagher's Law firm (　　) in legal training to help them prepare to be good lawyers.

    (A)　have been immersed

    (B)　immerse

    (C)　to immerse

    (D)　was immersed

---

### 単 語 の 意 味

**legal training**······························法律研修、司法研修
**help A（人）＋ B（動詞の原形）**·····A が B するのを助ける
**prepare** [prɪpéər]······························準備する、用意する

### 解 説

態を問う問題＋主語と動詞の一致の問題です。

選択肢には動詞 immerse「〜を没頭させる」のさまざまな形が並んでいるので、動詞関連の問題だとわかります。動詞関連の問題では、複数のポイントが組み合わさっている場合も多いので、1つずつチェックします。

この英文の主語は interns で、動詞部分が空欄になっています。その後ろには「前置詞＋名詞句」という修飾語が続いています。

まず、能動態になるのか受動態になるのか、態について考えます。
**能動態なのか受動態なのかは、主語と動詞の意味的な関係を考えなければなりません。**
主語が interns なので、受動態を使って「インターンは没頭させられている」となるはずだとわかります。
受動態になるのは、(A)の have been immersed か(D)の was immersed のどちらかです。
主語が interns と複数形なので、(D)の was immersed は使えません。したがって(A)の have been immersed が正解です。

### 訳

ギャラガー法律事務所のインターンは、優秀な弁護士になるために4月1日から法律研修に没頭しています。

---

**TOEIC テスト
の筋トレ 78**　　動詞の問題では、「態でチェック」→「主語と動詞の一致でチェック」と1つずつチェックをします。

次の選択肢の中から正しいものを選びなさい。

The consulting team concluded that no action should be taken (　　) careful consideration of how decisions would affect shareholders.

(A) beside

(B) along

(C) except

(D) without

---

#### 単 語 の 意 味

**conclude** [kənklúːd]·····················～と結論を出す、結論を下す
**careful** [kéərfl]·····························注意深い
**consideration** [kənsìdəréiʃən]·····熟慮、考慮
**decision** [dɪsíʒən]·························決定、決意
**affect** [əfékt]·······························～に影響を与える
**shareholder** [ʃéərhòuldər]···········株主

**解説**

前置詞の問題です。

選択肢には前置詞が並んでいるので、どの前置詞を入れれば英文の意味が通るか考えます。

「決定事項が株主にどのような影響を与えるのかを熟慮〜行動を起こすべきでないとコンサルティングチームは結論づけた」という意味の英文で、「〜」部分にどの前置詞を入れれば英文の意味が通るかを考えます。

(C)の without「〜なしで、〜がなければ」であれば、without careful consideration「熟慮なしで」となり、意味がつながります。

without を使った表現では他にも、ビジネス関連の英文で頻繁に使われる without notice「通知なく」、without permission「許可なく」、without consent「同意なく」などがあります。これらの表現で without を入れる問題も時々出題されます。一緒に覚えましょう。

**訳**

決定事項が株主にどのような影響を与えるのかを熟慮せずに行動を起こすべきでないとコンサルティングチームは結論づけました。

**TOEIC テストの筋トレ 79**

without careful consideration「熟慮なしで」という表現はビジネス関連の英文でよく使われます。

できたら…○
できなかったら…×

次の選択肢の中から正しいものを選びなさい。

The historic St. Andrew's House will (　　) be open to the public Monday to Saturday from 9 A.M. to 5 P.M.

(A) now

(B) then

(C) as

(D) further

---

**単 語 の 意 味**

**historic** [hɪstɔ́:rɪk]······················歴史的な、歴史のある
**public** [pʌ́blɪk]···························一般の人々、一般市民

**解説**

適切な意味の副詞を選ぶ問題です。

選択肢はどれも、誰もが意味を知っているだろう比較的簡単な副詞が並んでいます。英文の意味を考えて、文意に合う副詞を選ばなければなりません。

「歴史ある聖アンドリュー・ハウスは、月曜から土曜の午前9時から午後5時まで〜公開される」という英文で、「〜」部分に入れて文意が通る副詞は何かを考えます。

(A)の now「これから、今すぐ、直ちに」であれば、文意が通ります。

英文に未来時制が使われています。now を「今、現在」という意味でしか覚えていない人は間違えるかもしれません。英単語を覚えるときは、できれば英文を読みながらそれぞれの単語が元々持っているニュアンスをマスターするようにしましょう。

(B)then「その次に、その時」、(C)as「同じくらい」、(D)further「さらに、なお一層」では、どれも文意が通りません。

**訳**

歴史ある聖アンドリュー・ハウスは、月曜から土曜の午前9時から午後5時までこれから一般公開されます。

**TOEIC テスト
の筋トレ80**

now にはさまざまな意味があります。「今、現在」という意味でしか覚えてないと間違えるかもしれません。

# 第81問

次の選択肢の中から正しいものを選びなさい。

Cray Architects designs office buildings to the specifications of its clients, but does not (　　) build the facilities.

    (A) exclusively

    (B) mostly

    (C) actually

    (D) potentially

---

#### 単 語 の 意 味

**specification** [spèsəfɪkéɪʃən]…仕様（書）、設計書
**client** [kláɪənt]…………………顧客、取引先
**facility** [fəsíləti]…………………施設、設備

**解説**

**適切な意味の副詞を選ぶ問題**です。

選択肢にはさまざまな副詞が並んでいるので、適切な意味の副詞を選ぶ問題だとわかります。英文の意味を考えて文意に合う副詞を選ばなければならないので、語彙問題に似ています。

「クレイ・アーキテクツでは、クライアントの仕様に合わせてオフィスビルを設計しているが、〜施設を建設することはない」という英文で、「〜」部分に入れて文意が通る副詞は何かを考えます。

(C)の **actually**「**実際に、実際は**」であれば、文意が通ります。actually にはさまざまな意味があり、いろいろなニュアンスで使われます。この問題では in fact に近い意味で actually が使われています。

actually はリスニングセクションのパート3でも多用されます。パート3で使われる actually は「本当のところは」という意味合いで、会議などでよく使われる、遠慮しながら意見を述べるとき、やんわりと相手の発言に反対したり訂正したりするとき、つまり well に近い意味で使われていることが多いです。

(A)exclusively「全く〜のみ」、(B)mostly「たいていは」、(D)potentially「潜在的に」では、文意が通りません。

**訳**

クレイ・アーキテクツでは、クライアントの仕様に合わせてオフィスビルの設計をしますが、実際に施設を建設することはありません。

**TOEIC テスト
の筋トレ 81**

actually は「実際に、実際は」という意味の副詞です。パート2やパート3でも多用されます。

# 第82問

次の選択肢の中から正しいものを選びなさい。

In an effort to provide our customers with more timely (　　), our call center now takes calls around the clock.

(A) responses

(B) responsive

(C) responds

(D) respondent

---

#### 単 語 の 意 味

**in an effort to ～** ···················～しようと努力して、～する目的で
**customer** [kʌ́stəmər] ·············顧客、得意先
**around the clock** ················24 時間対応で

解説

名詞の問題です。

選択肢の形が似ているので、品詞問題かもしれないと考えましょう。品詞問題の場合、空欄前後が重要になります。

空欄前は timely と形容詞で、空欄後はコンマになっています。したがって、空欄には**形容詞が修飾する名詞**が入るはずです。

選択肢の中で名詞は(A)の responses「応答」という意味の複数形と(D)の respondent「応答者」です。
(D)の respondent では文意が通りませんが、(A)の responses であれば文意が通るので、正解は(A)の **responses** です。
ちなみに、(B) responsive は形容詞で、(C) responds は動詞に三人称単数現在の場合の -s がついています。

この問題はいわゆるトリック問題です。空欄直前に置かれた単語の timely は、-ly で終わっているので副詞だと勘違いをする人がいます。しかし timely は形容詞なので、その後に続くのは名詞です。**-ly で終わる単語は副詞が多いですが、** timely 「タイムリーな、適時の」や friendly 「親切な、友好的な」のように -ly で終わる形容詞もあります。 timely はひっかけるために時々使われます。

訳

お客様によりタイムリーに対応するために、当社のコールセンターでは現在 24 時間お電話を受け付けています。

TOEIC テスト
の筋トレ 82

語尾が -ly の単語は副詞が多いですが、中には timely のように形容詞もあります。
TOEIC テストはひっかけようと意図して作られた問題も少なくないので気を付けましょう。

# 第83問

次の選択肢の中から正しいものを選びなさい。

A consulting firm was hired to help R&J Manufacturing to create a program of (　　) to increase the efficiency of its production line workers.

- (A)　incentives
- (B)　estimates
- (C)　allocations
- (D)　reputations

---

### 単 語 の 意 味

**hire** [háɪər]··············~を雇う
**help A to B**··············A が B するのを手伝う
**efficiency** [əfíʃənsi]··············効率、効率性

**解　説**

**語彙問題**です。

選択肢にはさまざまな名詞が並んでいます。どの名詞であれば文意が通るかを問う語彙問題です。語彙問題は英文を読み、全体の意味を考えなければなりません。

to 不定詞に続く to increase the efficiency of its production line workers「生産ラインの作業員の効率を高めるための」部分が、a program of (　)「(　) プログラム」部分を形容詞的に修飾しています。そのプログラムを作るサポートのために雇われたのがコンサルティング会社です。

空欄に入れて意味が通るのは、(A)の incentives「奨励策」しかありません。incentives を入れれば「生産ラインの作業員の効率を高めるための奨励プログラムを作成する」となり、文意が通ります。

incentives はこの英文では「奨励策」という意味で使われていますが、企業が優秀な業績をあげた社員に提供するような場合だと「奨励金、報奨」という意味で使われることが多いです。**「奨励金、報奨」という意味での incentives を問う問題も出題されています。**

(B)estimates「見積もり、予測」、(C)allocations「割り当て、割り当てられたもの」、(D)reputations「評判、名声」では、文意が通りません。

**訳**

R&J マニュファクチュアリング社が生産ラインの作業員の効率を高めるための奨励プログラムを作成するのをサポートするためにコンサルティング会社が雇われました。

**TOEIC テスト の筋トレ 83**　incentives は「奨励策」という意味の名詞です。「奨励金、報奨」という意味で使われることも。

# 第84問

次の選択肢の中から正しいものを選びなさい。

The tariff charged on an imported product is determined by how (　　) the item is expected to sell for in the retail market.

(A) many

(B) close

(C) within

(D) much

---

## 単 語 の 意 味

**tariff** [térɪf] ·································· 関税
**charge** [tʃάːrdʒ] ······················ ～を課す、負担させる、請求する
**imported product** ················· 輸入品
**determine** [dɪtə́ːrmən] ············· ～を決定する、判断する
**item** [áɪtəm] ···························· 商品、品物
**retail market** ························· 小売市場

**解 説**

語彙問題です。

語彙問題は英文を読み、全体の意味を考えなければなりません。

「輸入品に課せられる関税は、その商品が小売市場で〜売れるかによって決まる」という英文で、「〜」部分にあたるのが how（　） です。

(D)の much を入れれば how much「いくらで、どの程度、どれほど」という意味になり、文意が通ります。ここでは「いくらで」という意味で使われています。

この英文は間接疑問文なので、how much + S（the item）+ V（is expected to sell for）の順になっていますが、How much で始まる通常の疑問文であれば、How much is the item expected to sell for？となります。

この英文で in the retail market の前に sell for と前置詞の for が置かれているのは、sell 〜 for …（〜を…の価格で売る）の for が残っているからです。

**訳**

輸入品に課せられる関税は、その商品が小売市場でいくらで売れるかによって決まります。

**TOEIC テスト の筋トレ 84**　how much は「いくらで、どの程度、どれほど」という意味になり、金額や程度を表します。

# 第85問

次の選択肢の中から正しいものを選びなさい。

Anyone who was given the Black VIP pass will be granted access to the backstage area for the (    ) of the music awards.

(A) creation

(B) monitor

(C) volume

(D) duration

---

### 単 語 の 意 味

**anyone who ～**……………………～する誰も
**grant A B**……………………A に対して B を与える、許可する
**award** [əwɔ́ːrd]…………………… 賞

**解説**

**語彙問題**です。

語彙問題は英文を読み、全体の意味を考えなければなりません。

「ブラック VIP パスを持っている人は、音楽賞の〜舞台裏へのアクセスが許可されている」という英文で、「〜」部分に何を入れればいいのかを考えます。

(D)の duration「継続期間、持続時間」であれば、文意が通ります。
duration は duration of the contract「契約期間」のように、ビジネスでもよく使われる単語です。

過去にはビジネスでよく使われる表現での出題が多かったので仕事で使っている人は正解しやすかったのですが、この問題のように（　　）of the music awards と、ビジネス以外のシチュエーションで使われると少し難しいかもしれません。

(A)creation「創造、創作」、(B)monitor「監視装置、監視要員」、(C)volume「量、分量」では、文意が通りません。

**訳**

ブラック VIP パスをお持ちの方は、音楽賞の間、舞台裏へのアクセスが許可されています。

**TOEIC テスト
の筋トレ 85**

duration は「継続期間、持続時間」という意味の名詞です。ビジネスでもよく使われます。

# 第86問

次の選択肢の中から正しいものを選びなさい。

Forest City Renovations no (　　) accepts credit card payment, but most other forms of cashless transactions are available.

(A) longest

(B) longer

(C) longing

(D) long

---

#### 単 語 の 意 味

**accept** [əksépt] ······················ 〜を受け入れる
**transaction** [trænsǽkʃən] ········ 取引
**available** [əvéɪləbl] ················ 利用できる、使用できる、入手できる

## 解説

イディオムの問題です。

選択肢には long の派生語が並んでいるので、long のどの形を選べばいいかを問う問題だとわかります。英文全体の意味を考えて正解を選ばなければなりません。

「フォレスト・シティ・リノベーションズでは、クレジットカード支払いは〜受け付けておりませんが、その他ほとんどの形態のキャッシュレス決済がご利用いただけます」という英文で、「〜」部分にあたるのが no ( ) です。

(B) の longer を入れれば no longer「もはや〜ない」となり、これであれば「もはや受け付けていない」となり、文意が通ります。

no longer は頻繁に使われるイディオムで、パート5以外の他のパートでもよく使われます。

## 訳

フォレスト・シティ・リノベーションズでは、クレジットカード支払いはもはや受け付けておりませんが、その他ほとんどの形態のキャッシュレス決済がご利用いただけます。

---

**TOEIC テスト
の筋トレ 86**　　no longer は「もはや〜ない」という意味のイディオムで、パート5以外のパートでもよく使われます。

# 第87問

次の選択肢の中から正しいものを選びなさい。

The full or partial contents of this article may not be (　　) without the permission of the writer or publisher.

(A) acknowledged

(B) allocated

(C) reproduced

(D) gathered

---

### 単 語 の 意 味

**partial** [pá:rʃəl]···················· 部分的な、一部分の
**article** [á:rtɪkl]····················· 記事
**without premission**·············· 許可なく、無断で
**publisher** [pʌ́blɪʃər]················ 発行者、出版社

**解説**

**適切な意味の動詞を選ぶ問題です。**

空欄部分は may not be (　) と受動態になっています。受動態なので選択肢には過去分詞が並んでいます。したがって、どの動詞の受動態にすれば文意が通るかを考えれば、正解がわかります。

空欄後の without the permission of the writer or publisher「著者または発行者の許可なく」が大きなヒントになります。

記事の話であり、著者や発行者が関係しているので、「この記事の全部または一部の内容を〜されてはいけない」という英文の「〜」部分に入れて文意が通るのは(C)の reproduced だとわかります。reproduce は「〜を複製する」という意味の動詞ですが、may not be reproduced と動詞部分が受動態になっています。

(A)acknowledged を入れると be acknowledged で「承認される」となり、(B)の allocated を入れると be allocated で「割り当てられる」となり、(D)の gathered を入れると be gathered で「集められる」となるので、いずれも文意が通りません。

**訳**

著者または発行者の許可なく、この記事の全部または一部の内容を複製することはできません。

---

**TOEIC テスト
の筋トレ 87**　　reproduce は「〜を複製する」という意味の動詞です。

# 第88問

次の選択肢の中から正しいものを選びなさい。

The architect carefully planned the location of windows and doors in places that would produce the ( ) supply of sunshine and air flow.

(A) more abundant

(B) most abundant

(C) more abundantly

(D) most abundantly

---

### 単 語 の 意 味

architect [á:rkətèkt] ················ 建築家、建築士
carefully [kéərfəli] ·················· 慎重に、注意深く
supply [səplái] ······················· 供給、供給量
flow [flóu] ····························· 流れ、流量

## 解説

**最上級の問題**です。

選択肢には形容詞と副詞の比較級と最上級の形が並んでいます。まず、どちらの品詞が正解かを考えます。

空欄前は冠詞の the で、空欄後は名詞の supply です。空欄には**名詞を修飾する形容詞**が入るはずです。したがって、(A)か(B)のどちらかが正解だとわかります。(A)は比較級で、(B)は最上級です。

空欄前に置かれた冠詞の the は最上級が正解ではないかというヒントにはなりますが、英文の意味をチェックした方が無難です。最上級の most abundant を入れれば、「採光性と通気性が最も高くなるよう設計した」となり、文意が通ります。
(B)の most abundant「最も豊富な」が正解です。

最近は、最上級の問題であってもヒントとなる比較対象を表す「〜の中で」という意味の in や of が後ろにない場合、比較級の問題であっても同様にヒントとなる than が後ろにない場合が増えています。空欄前後のチェックだけで正解がわかるような問題が減り、英文を読ませようとする問題が増えています。

### 訳

建築士は、採光性と通気性が最も高くなるよう窓やドアの位置を慎重に設計しました。

**TOEIC テスト
の筋トレ 88**

最上級の問題であっても、比較対象を表す「〜の中で」という意味の in や of が後ろにない場合、比較級の問題であっても、同様に than が後ろにない場合が増えています。

# 第89問

できたら…○
できなかったら…×

次の選択肢の中から正しいものを選びなさい。

Work reports and schedule adjustments are (　　) updated throughout the term of the project.

(A) exclusively

(B) recently

(C) continually

(D) firmly

---

### 単語の意味

**adjustment** [ədʒʌ́stmənt]……… 調整、調節
**update** [ʌ̀pdéɪt]…………………… 〜を更新する、アップデートする
**throughout** [θruáʊt]…………… 〜の間中、〜を通してずっと
**term** [tə́ːrm]…………………………… 期間

**解説**

**適切な意味の副詞を選ぶ問題です。**

選択肢にはさまざまな副詞が並んでいるので、適切な意味の副詞を選ぶ問題だとわかります。英文の意味を考えて文意に合う副詞を選ばなければならないので、語彙問題に似ています。

「業務報告書とスケジュール調整は、プロジェクト期間を通して〜更新される」という英文で、「〜」部分に入れて文意が通る副詞は何かを考えます。

(C)の continually「**継続的に、絶えず**」あれば、文意が通ります。

continue「〜を継続する」は誰もが知っている動詞なので、continually の意味は簡単に推測できるはずです。

(A)exclusively「全く〜のみ、もっぱら」、(B)recently「最近、近ごろ」、(D)firmly「しっかりと、固く」では、文意が通りません。

**訳**

業務報告書とスケジュール調整は、プロジェクト期間を通して継続的に更新されます。

**TOEIC テスト
の筋トレ 89**

適切な意味の副詞を選ぶ問題は、英文の意味を考えて文意に合う副詞を選ばなければならないので、語彙問題に似ています。

できたら…○
できなかったら…×

次の選択肢の中から正しいものを選びなさい。

The marketing team plans to distribute more (　) to regional dealers in an effort to expand market share throughout the country.

(A) sampled

(B) sample

(C) sampler

(D) samples

---

### 単 語 の 意 味

| | |
|---|---|
| **plan to ～** | (～する) 計画を立てる、予定である |
| **distribute** [dɪstríbjuːt] | ～を配布する、配る |
| **regional** [ríːdʒənl] | 地域の |
| **dealer** [díːlər] | 販売業者、卸売り業者 |
| **in an effort to ～** | ～する目的で、～しようと努力して |
| **expand** [ɪkspǽnd] | ～を拡大する |
| **throughout** [θruːáut] | ～の至るところに |

**解説**

**名詞の問題**です。

選択肢の形が似ているので、品詞問題かもしれない、と考えましょう。品詞問題の場合、空欄前後が重要になります。

この英文の動詞は空欄の少し前の plans で、to distribute more（　）部分が目的語です。
distribute の目的語になるのは、名詞か名詞句です。空欄前の more はここでは「より多くの、より大きい」という意味の形容詞として使われています。more（　）部分が名詞句になるには、空欄には形容詞 more が修飾する名詞が入ります。名詞は(B)の sample と(D)の samples、そして(C)sampler「見本検査係」も該当します。

どれが正解かは英文の意味を考えます。ここでは more が **many の比較級「より多くの」という意味で使われています**。
単数名詞の sample は間違いで、正解は**複数名詞である**(D)の samples だとわかります。

空欄直前に more があるので比較級の形に似ている(C)の sampler を選ぶ人がいると思いますが、sampler「見本検査係」では文意が通りません。
(B)の sample や(C)の sampler を選ばせようとして作られたひっかけ問題です。

**訳**

マーケティングチームは国内でのマーケットシェア拡大のために、地域の販売店により多くのサンプルを配布する予定です。

**TOEIC テスト
の筋トレ 90**

more は many や much の比較級で「より多くの」という形容詞としての用法があります。形容詞が修飾するのは名詞です。

# パート3の攻略が
# 短期大幅点数UPの鍵

（フリーランスPR業・40代）

**中村先生のTOEIC教室に通い、高得点を得た人の体験談です。モチベーションの維持に活用してください（編集部）。**

2020年11月土曜午前クラスに参加しました。参加時点で、スコアとして持っていたのは改変前の2014年12月の675点（L355, R320）のみでした。

中村先生の教室での授業がはじまる前に、決めたことがあります。

何となく英語ができているような感じの自分を忘れること、そして、逃げることをやめよう、ということ。

ついでに、今まで持っていたTOEICの参考書や単語本をすべて捨てました。いろいろ捨てて身軽になったら、あとは吸収するだけです。

そこからのスタートでしたが、3回目の授業終了直後の20年11月受験で800点（L460, R340）、6回目の授業終了直後の20年12月受験で820点（L445, R375）、教室終了3週間後の2021年1月受験で925点（L470, R455）と、順調にスコアを伸ばすことができました。

スコアアップの要因は「パート3（リスニング）攻略」。これがすべてのはじまりであり鍵だったと言っても過言ではありません。

パート3では、前の問題の設問の音声が流れている間に、次の問題の設問と選択肢を「先読み」することが大事です。

音が流れているところで目の前の文を読むので、はじめは戸惑いますし、時間内に読めずに焦ると思います。

読むというよりは、5W1H・say, ask, offer…などの設問の重要動詞・キーワードを〝目に焼き付ける〟感覚でインプット

していきます。

　いよいよ音声が流れてきたら、瞬間的に（もしくは先読みしながら）、目にインプットした情報をもとに「ここ」に気をつけて聴く！　と意識することが大事だと思います。

　設問で What / man / offer と問われているのだから、man が何か offer するくだりが出てくるはず……という風に、網を構えて準備しておいて、実際に音声が流れたら、I will…, Let me……という会話を捕まえにいく、という感覚です。

　あとは聴くことに意識を向けたまま、目を設問と選択肢に戻して答えを選択します。

　これを最後の設問まで通しで繰り返していきます。

　はじめは「設問と選択肢を先読みしきれなかった」「構えて（準備して）聴いたのに聴き取れなかった」など、めげてしまうかもしれません。

　でも大丈夫です。続けていくうちに、1問、1問、聴き取れる問題が増えていきます。

　さらに、リーディングパートの勉強をし始めて気づくことがありました。それは、リーディングパート対策にパート3での練習が生きるということです。「やっぱりパート3なんですよ」。何度この言葉が先生の口から出たことでしょう。

　パート3対策は、リスニングのスコアアップに直結するだけではなく、TOEICという山を登る基礎体力と気力とペースを養い、道しるべとなるものでした。

　受験本番では、「難しい問題が出てペースを崩させるのもTOEICのパターン、そこでペースを崩さないで！　潔く諦めて次！　数問落としても高得点は出ます！　リスニングは的を射た方法で勉強していない人が多いので、やった人は点が出ます！」という先生の言葉をお守りに、気持ちを落ち着けました。

　最後に、コロナ禍で緊張の続く状況においても、万全の対策で教室を開講してくださり、熱のこもった授業で叱咤激励してくださった中村先生に心から感謝申し上げます。

TOEIC®
LISTENING
AND
READING TEST

Lesson

# 4

# 「良薬は口に苦し」

## 30問

かなり難しい問題、
毎回間違える問題があると思います。
でも、がっかりする必要はありません。
それでいいんです。
間違えたら
「英語の筋肉がついた！」と思いましょう。
さあ、もう少しです。

できたら…○
できなかったら…×

次の選択肢の中から正しいものを選びなさい。

The Blue Bullet express train from New York to Boston (　　) hourly, weekdays from 7 A.M. to 7 P.M.

- (A) depart
- (B) departs
- (C) departed
- (D) departing

---

### 単 語 の 意 味

**hourly** [áuərli]·····························1 時間に 1 度の
**weekdays** [wíːkdèɪz]················平日

### 解説

主語と動詞の一致＋時制の問題です。

この英文の主語は The Blue Bullet express train です。選択肢にはさまざまな形の動詞が並んでいるので、空欄には動詞が入るとわかります。

The Blue Bullet express train は三人称単数名詞です。
from New York to Boston 部分は「前置詞＋名詞句」なので修飾語です。この部分をカッコに入れると、空欄には三人称単数の場合の主語に対応する動詞が入るとわかります。

現在形である(B)の departs と過去形である(C)の departed、どちらが正解かを考えます。

**過去から未来にわたり、ある程度の期間に繰り返し行われていることは現在形で表します。**
したがって、正解は(B)の departs です。

### 訳

ブルー・ブレット急行は、ニューヨークからボストンに向けて平日の午前 7 時から午後 7 時の間、1 時間に 1 本出ています。

---

**TOEIC テスト
の筋トレ 91**　　　主語が三人称単数名詞でかつ現在形の場合は、動詞に -s/-es を付けて使います。

# 第92問

次の選択肢の中から正しいものを選びなさい。

Alexander Home Furnishings has been providing outstanding service to its customers for (     ) fifty years.

(A) across

(B) within

(C) over

(D) among

---

### 単 語 の 意 味

**provide** [prəváid]·····················～を提供する
**outstanding** [àutstǽndɪŋ]········優れた、傑出した
**customer** [kʌ́stəmər]··············顧客、取引先

**解 説**

前置詞の問題です。

選択肢には前置詞が並んでいるので、前置詞の問題だとわかります。
前置詞の問題の場合、少し長めに英文を読まなければならない問題もありますが、この問題は空欄前後の for (　) fifty years 部分をチェックするだけで解けます。

「アレクサンダー・ホーム・ファーニッシングズでは、50年～お客様に優れたサービスを提供してきた」という意味の英文で、「～」部分に入れて文意が通るには、「50年にわたり」という意味になる前置詞を入れればいいとわかります。

(C)の over にはさまざまな意味がありますが、その中の1つに「～にわたって、～の間」という意味があるので、over を入れれば文意が通ります。
over は、超過を表す「～より多く」や、優先を表す「～に優先して」などの意味でも出題されています。最も出題頻度が高いのは、この問題で取り上げられている、期間を表す over「～にわたって、～の間」です。

パート7の「近い意味の単語を選ぶ問題」では、over に対し during が使われたこともあります。

**訳**

アレクサンダー・ホーム・ファーニッシングズでは、50年にわたりお客様に優れたサービスを提供してきました。

---

**TOEIC テスト
の筋トレ 92**　　　over は期間を表す場合「～にわたって、～の間」という意味での出題頻度が高いです。

できたら…○
できなかったら…×

次の選択肢の中から正しいものを選びなさい。

The Talon electric car requires little maintenance and its software systems are upgraded remotely ( ) the entire life of the vehicle.

(A) considering

(B) as of

(C) throughout

(D) along with

---

### 単 語 の 意 味

**require** [rɪkwáɪər]…………………………〜を必要とする、求める
**maintenance** [méɪntənəns]……メンテナンス、整備、保守管理
**upgrade** [ʌ́pgrèɪd]…………………〜の性能を高める、〜をアップグレードする
**remotely** [rɪmóutli]………………遠く離れて、遠隔で
**vehicle** [ví:əkl]………………………車、自動車

**解説**

前置詞の問題です。

空欄前は完全文（S＋V）になっているので、空欄後は修飾語だとわかります。
空欄後は名詞句が続いているので、空欄には前置詞を入れて、〈前置詞＋名詞句〉の形にすればいいはずです。
選択肢は全て前置詞の働きがあるので、4つとも候補になります。

(A)の considering は「〜を考慮すれば、〜のわりには」
(B)の as of は「〜現在で、〜以降は」
(C)の throughout は「〜を通して、〜の間中、〜の至る所で」
(D)の along with は「〜と一緒に、〜に加えて」という意味です。

どれが正解かは、英文の意味を考えなければなりません。
「タロン電気自動車はメンテナンスをほとんど必要とせず、ソフトウェアシステムは車の全寿命〜リモートでアップグレードされる」という英文で、「〜」部分に入れて意味が通るのは(C)throughout「〜の間中」しかありません。throughout を入れれば「車の全寿命期間を通して」となり、文意が通ります。

**訳**

タロン電気自動車はメンテナンスをほとんど必要とせず、ソフトウェアシステムは車の全寿命期間を通してリモートでアップグレードされるようになっています。

**TOEIC テスト
の筋トレ 93**

throughout はいろいろな場面で頻繁に使われる前置詞です。他にも throughout the region「その地域中で」、throughout the negotiation「交渉の期間を通して」、throughout the day「1日中」など、さまざまな表現で出題されています。

次の選択肢の中から正しいものを選びなさい。

The Electronics Trade Fair and Consumer Electronics Show are (　　) interest to both consumers and industry professionals alike.

(A) for

(B) with

(C) of

(D) on

---

#### 単 語 の 意 味

**consumer** [kəns(j)ú:mər] ········· 消費者

**industry** [índəstri] ·················· 業界、産業

**alike** [əláik] ···························· 同様に

**解説**

前置詞の問題です。

選択肢には前置詞が並んでいます。
また、空欄の前が be 動詞の are で、空欄後が名詞の interest です。
これらをヒントに「of＋抽象名詞＝形容詞」になるというポイントを問う問題ではないかと推測できます。

(C) の of を入れると of interest となり、形容詞 interesting と同じ意味になります。そうすると、The Electronics Trade Fair and Consumer Electronics Show are interesting to both consumers and industry professionals alike. となり、文意も通ります。

日本の大学受験で出てきそうな文法問題ですが、このような問題も出題されます。

**訳**

電子機器の見本市と CES（コンシューマー・エレクトロニクス・ショー）は、消費者、業界の専門家を問わず両方の関心を引きます。

TOEIC テスト
の筋トレ 94

「of＋抽象名詞＝形容詞」となります。of interest で interesting と同じ意味になります。

# 第95問

次の選択肢の中から正しいものを選びなさい。

Products (　　) "For Adult Use Only" should be kept in a locked cabinet and out of reach of children.

- (A) to label
- (B) labeled
- (C) that label
- (D) labeling

---

### 単 語 の 意 味

**product** [prɑ́:dəkt] ·················製品、生産物
**locked** [lɑ́:kt] ························· 鍵がかかった
**out of reach of children**······ 子どもの手の届かないところに

**解説**

分詞の問題です。

分詞には、現在分詞（〜ing）と過去分詞（〜ed）があります。
両方とも形容詞的に用いられることが多いです。
分詞は形容詞の働きをするので名詞を修飾します。

現在分詞は「〜している、〜する」という能動的な意味になり、過去分詞は「〜された、〜される」という受動的な意味になる場合が多いです。

空欄前後を直訳すると、「『大人用』と表示された製品は」とつなげるのが自然だとわかります。「〜された、〜される」という受動的な意味は過去分詞で表しますので、(B) の labeled が正解です。

分詞の使い方としては、修飾する「名詞の前に来る」用法と、「名詞の後ろに来る」用法があります。この英文では labeled "For Adult Use Only" を後ろに置いて、前の名詞 products を修飾しています。この英文のように分詞の後に修飾語が続く場合には、修飾する名詞の後ろに分詞を置きます。

**訳**

「大人用」と表示された製品は鍵のかかった戸棚に保管し、お子様の手が届かぬようにしてください。

**TOEIC テスト
の筋トレ 95**　　　分詞は形容詞の働きをし、名詞を修飾します。「〜された、〜される」と受動的な意味になる場合には過去分詞を使います。

# 第96問

次の選択肢の中から正しいものを選びなさい。

(  ) having the most luxurious hotel rooms in the city, Cedar Estate also prides itself on having the renowned Max's restaurant.

    (A)  Even if

    (B)  Rather than

    (C)  Instead of

    (D)  In addition to

---

### 単語の意味

**luxurious** [lʌgʒúəriəs]……………豪華な、ぜいたくな
**pride oneself on ～**……………～を誇りにする、～を自慢する
**renowned** [rináund]………………有名な、名高い

**解 説**

**イディオム**の問題です。

空欄後には動名詞が続いています。したがって、空欄に入るのは前置詞か群前置詞だとわかります。
(A)の Even if は接続詞の働きをするので、後ろに節(S + V)が続きます。したがって間違いだとわかります。

(B)の Rather than ~ は「~よりむしろ」、(C)の Instead of ~ は「~の代わりに」、(D)の In addition to ~ は「~に加えて」という意味の群前置詞なので、後ろには名詞か名詞句が続きます。(B)(C)(D)のいずれかが正解だとわかります。

(B)(C)(D)のどれが正解かは英文の意味を考えます。
「シーダーエステイトは市内随一を誇る豪華な部屋~有名なマックスズレストランも持っていることを誇りにしている」という意味の英文で、「~」部分に入れて文意が通るのは(D)の In addition to です。

A in addition to B の形で出題されることも、この問題のように In addition to を文頭に置いて In addition to B, A ... の形で出ることもあります。どちらで出題されても正解できるようにしましょう。

**訳**

シーダーエステイトは市内随一を誇る豪華な部屋に加え、有名なマックスズレストランも持っていることを誇りにしています。

**TOEIC テスト
の筋トレ 96**

A in addition to B で「B に加えて A も」という意味になりますが、In addition to B, A ... の形で出題されることもあります。

次の選択肢の中から正しいものを選びなさい。

In order to better control the (　　) of our company's merchandise, we have entered into a long-term agreement with Hamilton Logistics.

(A) distribute

(B) distributing

(C) distributed

(D) distribution

### 単 語 の 意 味

in order to 〜 ·························〜するために
merchandise [mə́ːrtʃəndàɪz] ···· 商品、製品
long-term [lɔ́ːŋ-tə́rm] ·············· 長期の
agreement [əgríːmənt] ·············· 契約、合意

**解 説**

名詞の問題です。

選択肢に似た形の単語が並んでいるので、品詞問題かもしれないと考えます。品詞問題の場合、空欄前後が重要になります。

空欄前が冠詞のtheで、空欄後はof our company's merchandise と〈前置詞＋名詞句〉になっています。
〈前置詞＋名詞句〉は修飾語なので、この部分をカッコでくくると、the (　) の空欄部分にどの品詞を入れればいいか、という問題だとわかります。

**冠詞の後ろには、名詞が続きます。** 名詞は(D)のdistribution「流通、配布」だけです。

**冠詞と前置詞の間には名詞が入る、** という点を問う問題は時々出ます。
この問題のように冠詞theが使われる場合もあれば、aが使われる場合もあります。

**訳**

当社商品の流通をより適切に管理するために、ハミルトン・ロジスティクスと長期契約を結ぶことにしました。

冠詞と前置詞の間には名詞が入ります。

# 第98問

次の選択肢の中から正しいものを選びなさい。

Finley Floral Boutique recently (　　) by Green Acres, Inc., as part of its five-year business expansion plan.

    (A)  was acquired

    (B)  acquires

    (C)  has been acquiring

    (D)  acquired

---

### 単語の意味

**recently** [ríːsntli]……………………最近、
**as part of ～**……………………～の一部として
**expansion** [ɪkspǽnʃən]…………拡大、拡張

**解説**

態を問う問題です。

選択肢には動詞 acquire「～を買収する、取得する」のさまざまな形が並んでいます。
空欄以降は〈前置詞＋名詞〉なので、修飾語だとわかります。したがって、チェックしなければならないのは Finley Floral Boutique recently (　) の部分です。この部分の主語は Finley Floral Boutique で、動詞部分が空欄になっています。

まず、能動態になるのか受動態になるのか、態について考えます。**能動態なのか受動態なのかは、主語と動詞の意味的な関係を考えなければなりません。**
主語が「フィンリー・フローラル・ブティック」なので、by 以下の会社によって「フィンリー・フローラル・ブティックは買収された」となります。したがって、受動態にしなければなりません。**空欄直後の by「～によって」が大きなヒントになります。** 受動態にするには、(A)の was acquired を入れればいいとわかります。
この問題を難しくしているのは、空欄前に副詞の recently が置かれている点です。最近のテストでは、問題のポイントを難しく見せるために意図的にこのような単語が置かれることがあります。

「態を問う問題」は頻出問題です。能動態、受動態ともに出題されますが、受動態の出題の方が多いです。

**訳**

5年にわたる事業拡大計画の一環として、先日フィンリー・フローラル・ブティックはグリーン・エイカーズ社に買収されました。

**TOEIC テスト
の筋トレ 98**　　「態を問う問題」は頻出問題。能動態、受動態どちらも出題されますが、受動態の出題の方が多いです。

できたら…○
できなかったら…×

次の選択肢の中から正しいものを選びなさい。

Credit card holders are strongly encouraged to ( ) billing statements to ensure that all transactions are legitimate.

(A) inspect

(B) reimburse

(C) permit

(D) implement

---

### 単 語 の 意 味

**be encouraged to 〜**…………〜することを勧められる
**billing statement**………………請求書、請求明細書
**ensure** [ɪnʃúər]…………………………〜を確かにする、保証する
**transaction** [trænsǽkʃən]………取引
**legitimate** [lɪdʒítəmət]……………合法の、正当な、妥当な

**解説**

適切な意味の動詞を選ぶ問題です。

適切な意味の動詞を選ぶ問題は語彙問題と同じで、英文を読んで、全体の意味を考えなければなりません。

「クレジットカードをお持ちの方は、すべての取引が妥当であることを確認するために、請求明細書を〜ことを強くお勧めします」という英文で、「〜」部分にどの動詞を入れれば文意が通るかを考えます。文意が通るようにするには「チェックする」のような意味の動詞が入るとわかります。

該当するのは、(A)の inspect「〜を検査する、調査する」しかありません。

inspect は過去にも出題されていますが、inspect a facility「施設を検査する」、inspect a plant「工場を検査する」、inspect a restaurant「レストランを検査する」のように、もう少しわかりやすい英文が使われていました。この問題が難しいのは、billing statements「請求明細書」が目的語に来ている点です。請求明細、売上明細、給与明細などの内容やデータを検査する場合にも inspect が使われます。

過去に出題された単語が再度出題されても、前後に置かれるヒント語や英文が最近は少しずつ難しくなっています。

(B) reimburse「〜を払い戻す、返済する」、(C) permit「〜を許可する、認める」、(D) implement「〜を実行する、実施する」では、文意が通りません。

**訳**

クレジットカードをお持ちの方は、すべての取引が妥当であることを確認するために、請求明細書を検査することを強くお勧めします。

**TOEIC テスト
の筋トレ 99**

inspect「〜を検査する」の派生語である inspection「検査」や inspector「検査官」も出題されます。

できたら…○
できなかったら…×

次の選択肢の中から正しいものを選びなさい。

Belmont Publishing is currently offering a reduced rate (    ) to encourage people to sign up for a three-year subscription.

(A) specific

(B) specifications

(C) specifically

(D) specify

---

#### 単 語 の 意 味

**currently** [kə́ːrəntli]·················現在、今や
**offer** [ɔ́ːfər]·····························〜を提供する、申し出る
**reduced rate**·····················割引料金
**encourage** [ɪnkə́ːrɪdʒ]··············〜を勧める、奨励する
**sign up**·····························(入会、購入、加盟などの契約書に) 署名する
**subscription** [səbskrípʃən]······予約購読、定期購読

## 解説

副詞の問題です。

選択肢に似た形の単語が並んでいるので、品詞問題かもしれないと考えます。品詞問題の場合、空欄前後が重要になります。

この問題を解くヒントは、空欄直後の to encourage people to sign up for ... 「人々が…に申し込むのを促進するために」です。この部分は不定詞の副詞的用法となっており、副詞句です。**副詞句を修飾するのは副詞です。**

したがって正解は、副詞である (C) の specifically 「**特に、明確に**」です。

副詞は副詞句、動詞、形容詞、他の副詞、節、文全体を修飾します。

## 訳

ベルモント出版では現在、特に3年購読の申し込みを促進するために割引料金を提供しています。

**次の選択肢の中から正しいものを選びなさい。**

Sales of Henrik's on and off-road vehicles have been (　　) since the new marketing campaign was launched in April of last year.

(A) conditional

(B) relative

(C) feasible

(D) stable

---

#### 単 語 の 意 味

**off-road** [ɔ́:fróud] ·····················オフロード用の、一般道路外の
**vehicle** [ví:əkl] ·························車、車両
**launch** [lɔ́:ntʃ] ·························〜を始める、開始する

## 解説

語彙問題です。

語彙問題は英文を読み、全体の意味を考えなければなりません。

「昨年の4月に新しいマーケティングキャンペーンが開始されて以来、ヘンリックのオン・オフロード両用車の売り上げは〜している」という英文で、「〜」部分に何を入れればいいのかを考えます。

(D)の stable「安定した」であれば、文意が通ります。
stable はさまざまな場面で使われますが、ビジネスでは stable sales「安定した売り上げ」とか、stable economic growth「安定した経済成長」などの表現でよく使われます。

(A)conditional「条件付きの、条件としての」、(B)relative「関係のある、関連のある」、(C)feasible「実行できる、実現可能な」では、どれも文意が通りません。

## 訳

昨年の4月に新しいマーケティングキャンペーンが開始されて以来、ヘンリックのオン・オフロード両用車の売り上げは安定しています。

stable は「安定した」という意味の形容詞です。

# 第102問

次の選択肢の中から正しいものを選びなさい。

The board of directors is (　　) waiting for final confirmation that Jessica Mathers will accept the CEO position.

(A) ever

(B) somewhat

(C) still

(D) rather

---

#### 単 語 の 意 味

**the board of directors** ········· 取締役会、理事会
**confirmation** [kὰːɪnfərméɪʃən] ·· 確認

**解 説**

適切な意味の副詞を選ぶ問題です。

選択肢はどれも、誰もが意味を知っているだろう比較的簡単な副詞が並んでいます。英文の意味を考えて、文意に合う副詞を選ばなければなりません。

「取締役会は、ジェシカ・マザーズ氏が CEO のポストを受け入れるという最終確認を～待っているところだ」という英文で、「～」部分に入れて文意が通る副詞は何かを考えます。

(C)の still「**今もなお、まだ**」であれば、文意が通ります。
副詞の still を選ばせる問題は時々出ます。

(A)ever「これまで、かつて」、(B)somewhat「いくらか、多少」、(D)rather「むしろ、いくぶん」では、文意が通りません。

**訳**

取締役会は、ジェシカ・マザーズ氏が CEO のポストを受け入れるという最終確認を今もなお待っているところです。

**TOEIC テスト
の筋トレ 102**　　　still は「今もなお、まだ」という意味の副詞です。

# 第103問

次の選択肢の中から正しいものを選びなさい。

(　　) four hundred SysTech 15-inch computer monitors have been donated to the Freeman County School District this year.

    (A)　Almost

    (B)　More

    (C)　Quite

    (D)　Very

---

### 単 語 の 意 味

**donate** [dóuneɪt]······················〜を寄付する、寄贈する
**county** [káunti]··························郡
**district** [dístrɪkt]······················地区、地域

解説

**適切な意味の副詞を選ぶ問題**です。

four hundred は後ろの SysTech 15-inch computer monitors を修飾する形容詞の働きをしているので、空欄には形容詞を修飾する副詞が入るとわかります。

選択肢には全て副詞の用法があります。どれが正解かは英文の意味を考えなければなりません。

「〜 400 台のシステック 15 インチモニターが今年フリーマン郡学区に寄贈された」という英文で、「〜」部分に入れて文意が通るのは(A)の Almost「**ほとんど、大体**」だけです。したがって、(A)の Almost が正解です。

almost は almost all 〜「〜のほとんど全て」という表現の almost を問う問題としても出題されます。

(B)More「いっそう、もっと (much、many の比較級)」、(C)Quite「すっかり、全く」、(D)Very「とても、大変」では、文意が通りません。

訳

約 400 台のシステック 15 インチモニターが今年フリーマン郡学区に寄贈されました。

almost は「ほとんど、大体」という意味の副詞です。

次の選択肢の中から正しいものを選びなさい。

After the new human resources manager has been hired, we will be looking for (　　) else to assist with the new hire interviews.

(A) anything
(B) nobody
(C) others
(D) somebody

**human resources manager**······人事部長
**hire** [háɪər]·································～を雇う
**look for ～**·····························～を探す
**new hire**·································新入社員
**interview**·································面接

**解説**

代名詞の問題です。

選択肢を見ると、さまざまな代名詞が並んでいるので、適切な代名詞を入れる問題だとわかります。

文頭からコンマまでで「新しい人事部長が雇われた後に」と言っています。コンマ以降では we will be looking for (　) else to assist with the new hire interviews「採用面接を手伝ってくれる〜を探す予定です」と言っているので、「〜」部分には「人」を表す代名詞が入るとわかります。

(A) の anything「どんな〜でも」以外の選択肢は、すべて「人」を表す代名詞として使えます。
(B) の nobody は「誰も〜ない」、(C) の others は「他人、他の人」、(D) の somebody は「誰か」という意味になるので、(D) somebody が正解だとわかります。
somebody else で「誰かほかの人」の意味になるので、コンマ以降は「採用面接を手伝ってくれる人を探す予定だ」となり、文意が通ります。

119 ページの nothing else の問題も一緒に覚えましょう。
somebody else も nothing else も、ともに出題されています。空欄後が同じ else であっても、表現を丸覚えしていると間違ってしまいます。

**訳**

新しい人事部長が雇われた後に、採用面接を手伝ってくれる人を探す予定です。

**TOEIC テストの筋トレ 104**　代名詞は「人」を表すもの、「物」を表すもの、「否定で使うもの」など多様です。それぞれの意味と用法をしっかりマスターしましょう。

次の選択肢の中から正しいものを選びなさい。

Rickman, Ltd., is the primary (　　) of beverages at a majority of sports stadiums throughout North America.

(A) supplies

(B) supplying

(C) supplier

(D) supplied

---

### 単 語 の 意 味

**primary** [práɪmèri]······················主要な、第一の
**beverage** [bévərɪdʒ]·················飲料、飲物
**a majority of** 〜······················〜の大部分

**解 説**

名詞の問題です。

選択肢に似た形の単語が並んでいるので、品詞問題かもしれない、と考えましょう。品詞問題の場合、空欄前後が重要になります。

空欄前を見ると、冠詞 the の後ろに primary という形容詞が続いています。空欄後は of beverages と〈前置詞＋名詞〉で修飾語なので、この部分をカッコでくくるとわかりやすいです。

空欄には**形容詞 primary が修飾する名詞が入ります。**
名詞は(A)の supplies「納入品、供給品」と(C)の supplier「**納入業者、供給業者**」です。どちらが正解かは、英文の意味を考えます。「リックマン社は、北米全域のスポーツスタジアムの大半における主要な飲料納入業者だ」となるはずなので、(C)の **supplier** が正解です。

TOEIC は時間がない中で解くので、きちんと英文を読まないで間違って(A)supplies を選んでしまう人がいると思います。そこを狙った選択肢の作り方をしています。

名詞の問題は簡単だからか、選択肢に２つ以上名詞があることも多いです。他の選択肢もきちんとチェックしましょう。

**訳**

リックマン社は、北米全域のスポーツスタジアムの大半における主要な飲料納入業者です。

**TOEIC テスト
の筋トレ 105**

名詞を選ぶ問題では、選択肢に２つ以上名詞が並んでいることが少なくありません。必ず他の選択肢もチェックし、必要であれば英文を読み直しましょう。

# 第106問

**次の選択肢の中から正しいものを選びなさい。**

Landscaping is a skill that requires the ability to shape the land to fit a client's request (　　) also maintaining the land's beauty.

- (A) accordingly
- (B) nevertheless
- (C) while
- (D) provided

---

### 単 語 の 意 味

**landscaping** [lǽndskèɪpɪŋ]……造園
**shape** [ʃéɪp]………………………〜を形作る、成形する
**fit** [fít]……………………………〜に合う、適合する
**maintain** [meɪntéɪn]……………〜を保つ、維持する

**解説**

接続詞の問題です。

「時」を表す副詞節を含む文で、主節と副詞節の主語が同じ場合、副詞節の主語を省略し、かつ副詞節の動詞を現在分詞に変えることができます。問題文がまさにそのパターンです。

したがって、空欄には「時」を表す接続詞が入るとわかります。選択肢の中でそれに該当するのは、（C）の while「〜と同時に、〜する間に」にだけです。

空欄以降を節の形に書き換えると、
(while) landscaping also maintains the land's beauty となります。

この英文の、while の後ろの landscaping を省略し、動詞 maintains を現在分詞 maintaining に変えると、問題文で出てきた下記の英文のようになります。

(while) also maintaining the land's beauty

**この問題を難しくしているのは、while と maintaining の間に副詞の also が入っている点です。** 基本がわかっていれば、also が入っていても正解できます。
このように最近は問題のポイントをわかりにくくしようと少しひねった問題も出題されています。

**訳**

造園とは、美しさを保ちつつ、クライアントの要望に合わせて土地を形作る能力を要する技能のことです。

**TOEIC テスト
の筋トレ 106**　　最近は問題のポイントをわかりにくくしようとひねった問題も出題されます。

できたら…○
できなかったら…×

次の選択肢の中から正しいものを選びなさい。

Due to a shortage of drivers, our express delivery service is unavailable, so customers should expect shipments to take (    ) six days.

(A) so that

(B) as of

(C) as for

(D) up to

---

### 単 語 の 意 味

| | |
|---|---|
| **due to 〜** | 〜が原因で、〜のせいで |
| **shortage** [ʃɔ́ːrtɪdʒ] | 不足 |
| **express delivery service** | 速達［速配］サービス |
| **unavailable** [ʌ̀nəvéɪləbl] | 利用できない、入手できない、得られない |
| **customer** [kʌ́stəmər] | 顧客、取引先 |
| **shipment** [ʃípmənt] | 発送、出荷 |

難易度… ★ ★ ★

## 解説

**イディオムの問題**です。

選択肢にはさまざまなイディオムが並んでいます。英文全体の意味を考えて、正解を選ばなければなりません。

「ドライバー不足のため、速配サービスはご利用いただけませんので、発送までに〜6日かかることをお客様はご承知おきください」という英文で、「〜」部分に入れて文意が通るのはどれか考えます。

(D)の up to「最大で〜まで」を入れて take up to six days「最大で6日かかる」とすれば、文意が通ります。

up to には「最大で〜まで」という意味の他にも、「〜次第で、〜に匹敵して」など、さまざまな意味があります。「〜次第で」は会話で頻繁に使われるためか、パート2でも使われます。パート5では「最大で〜まで」という意味を問う問題での出題が大半です。

(A)の so that は「〜するように」、(B)の as of は「〜以降は、〜現在で」、(C)の as for は「〜に関しては」という意味の表現で、どれも文意に合いません。

## 訳

ドライバー不足のため、速配サービスはご利用いただけませんので、発送までに最大で6日かかることをお客様はご承知おきください。

---

**TOEIC テスト
の筋トレ 107**

up to は「最大で〜まで」という意味でよく使われる表現ですが、パート2では「〜次第で」という意味で使われることもあります。

# 第108問

次の選択肢の中から正しいものを選びなさい。

Consultants assigned to the project must complete a non-disclosure form (　　) was sent as an attached file in the email.

    (A)　which

    (B)　where

    (C)　either

    (D)　what

---

### 単語の意味

**assigned** [əsáind]····················任命された、割り当てられた
**complete** [kəmplíːt]····················～を仕上げる、完了する
**non-disclosure**····················秘密保持、非公開
**attached** [ətǽtʃt]····················添付の、添付された

**解 説**

**関係代名詞の問題**です。

英文の意味を考えると、主語が Consultants、動詞が must complete、目的語が a non-disclosure form だと判断できます。

とすると、(　　) was sent as an attached file in the email 部分は修飾語だと考えられます。

したがって、修飾語を作る関係代名詞が空欄に入るのではと推測できます。

関係代名詞の問題だとすれば、(A)の which か(D)の what のどちらかになりますが、what は = the thing(s) which で先行詞を含みます。

空欄前に先行詞である a non-disclosure form があるので、what は使えません。

空欄に入る関係代名詞の先行詞は a non-disclosure form「秘密保持契約書」で、「物」であり、「人」ではありません。

**「物」が先行詞の場合、主格の関係代名詞である which か that を入れれば正しい英文になるとわかります。**

選択肢に関係代名詞の that はなく、which があるので(A)の which が正解になります。選択肢に that があれば、that も正解になります。主格の関係代名詞を問う問題では、which、that ともに出題されます。

関係副詞または疑問詞である(B)where や、代名詞や形容詞や副詞である(C)の either は間違いだとわかります。

**訳**

そのプロジェクトに任命されたコンサルタントは、メールの添付ファイルで送られてきた秘密保持契約書に記入しなければなりません。

**TOEIC テスト の筋トレ 108**　先行詞が「物」で、その先行詞が続く節(S+V) の中で主語の働きをする場合には、関係代名詞の主格である which か that を使います。

できたら…○
できなかったら…×

次の選択肢の中から正しいものを選びなさい。

The airport will start a yearlong ( ) project, designed to enhance the safety of passengers as they wait for flights near the gates.

(A) renovation

(B) renovator

(C) renovate

(D) renovated

---

### 単 語 の 意 味

**yearlong** [jíərlɔ́ːŋ]‥‥‥‥‥‥‥‥‥ 1 年間続く
**enhance** [ɪnhǽns]‥‥‥‥‥‥‥‥‥‥ ～を高める、強める
**passenger** [pǽsəndʒər]‥‥‥‥‥‥ 乗客

## 解説

複合名詞の問題です。

選択肢の形が似ているので、品詞問題かもしれない、と考えましょう。品詞問題では空欄前後が重要になります。

主語が The airport で、動詞が will start、目的語が a yearlong (　　) project だとわかります。

目的語になるのは、名詞か名詞句です。a が冠詞で、yearlong が形容詞なので、(　) project 部分は名詞になるはずです。

名詞である (A) の **renovation** を入れれば、renovation project で「改修計画」という意味の複合名詞になります。

renovation は名詞ですが、形容詞的に project を修飾し、renovation project と**〈名詞＋名詞〉で 1 つの名詞になっている複合名詞**です。

(B) の renovator も名詞ですが、「修理 [修繕] する人」という意味なので文意が通りません。

## 訳

その空港では、ゲート付近でフライトを待つ乗客の安全向上を目的とした一年間の改修計画に着手します。

renovation も project も名詞です。renovation project は「改修計画」という意味の複合名詞です。

次の選択肢の中から正しいものを選びなさい。

Camping equipment made by Rocky Mountain, Inc., offers (　　) covers that can be added or removed depending on temperatures and terrain.

(A) versatile

(B) capable

(C) instructive

(D) allowable

---

### 単 語 の 意 味

**offer** [ɔ́:fər]······················································~を提供する
**add** [ǽd]·····························································~を加える
**remove** [rɪmú:v]·······································~を取り外す、取り除く
**depending on**··································~により、~次第で
**temperature** [témpərtʃər]········気温
**terrain** [təréɪn]·······································地形

## 解説

語彙問題です。

語彙問題は英文を読み、全体の意味を考えなければなりません。

「ロッキーマウンテン社の製造するキャンプ用品には、気温や地形によって取り外し可能な〜カバーが付いている」という英文で、「〜」部分に何を入れればいいのかを考えます。

(A)の versatile「**多目的な、用途が広い、万能の**」であれば、文意が通ります。

(B)capable「（人などが）有能な」、(C)instructive「ためになる、教育的な」、(D)allowable「（規則上）許される」では、文意が通りません。

versatile は少し難しい単語ですが、このレベルの単語も出題されるようになっています。

### 訳

ロッキーマウンテン社の製造するキャンプ用品には、気温や地形によって取り外し可能な多目的カバーが付いています。

---

**TOEIC テスト
の筋トレ 110**　　versatile は「多目的な、用途が広い、万能の」という意味の形容詞です。

次の選択肢の中から正しいものを選びなさい。

Managers in our human resources department have created an innovative pathway that will help employees reach career goals (　　).

    (A)　abundantly

    (B)　manually

    (C)　relatively

    (D)　gradually

---

#### 単 語 の 意 味

**human resources department**······人事部
**innovative** [ínəvèItIv]························革新的な、創造力に富む
**pathway** [pǽθwèI]···························道筋、進路
**career** [kəríər]······························キャリア、経歴

**解 説**

**適切な意味の副詞を選ぶ問題です。**

選択肢にはさまざまな副詞が並んでいるので、適切な意味の副詞を選ぶ問題だとわかります。英文の意味を考えて文意に合う副詞を選ばなければならないので、語彙問題に似ています。

「人事部のマネージャーたちは、社員が〜キャリア目標を達成できるよう革新的な道筋を考案した」という英文で、「〜」部分に入れて文意が通る副詞は何かを考えます。

(D)の gradually「**徐々に、次第に**」あれば、文意が通ります。gradually は過去にも出題されていますが、この問題が少しだけ難しいのは gradually を入れる空欄が文末にあるという点です。最近は、空欄前後だけでなく英文全体を読ませる、工夫された問題が増えています。

(A)abundantly「豊富に、非常に」、(B)manually「手で、手動で」、(C)relatively「比較的に、相対的に」では、どれも文意が通りません。

**訳**

人事部のマネージャーたちは、社員が少しずつキャリア目標を達成できるよう革新的な道筋を考案しました。

**TOEIC テスト
の筋トレ 111**     空欄前後だけでなく英文全体を読ませる、工夫された問題が増えています。

できたら…○
できなかったら…×

次の選択肢の中から正しいものを選びなさい。

Because the information in the report is (　　　) relevant to the next fiscal year, it will be the focus of tomorrow's budget planning meeting.

(A) directed

(B) direction

(C) directly

(D) direct

---

#### 単 語 の 意 味

relevant to ～ ·························～に関する、関連する
fiscal year ······························会計年度
focus [fóukəs] ·························焦点、中心
budget [bʌ́dʒət] ·······················予算、予算案

**解説**

**副詞の問題です。**

選択肢に似た形の単語が並んでいるので、品詞問題かもしれないと考えます。品詞問題の場合、空欄前後が重要になります。

この英文の空欄前は be 動詞 is で、空欄後は relevant です。relevant は be 動詞に続く形容詞で、**形容詞を修飾するのは副詞なので**、副詞である (C)directly「直接に」を選べば正しい英文になります。

副詞は形容詞、動詞、他の副詞、副詞句、節、文全体を修飾します。

空欄後の relevant to という表現はビジネスでよく使われるせいか問題としても出題されます。この問題に限ったことではありませんが、正答を求めるだけでなく、TOEIC 学習の際に一緒に英文も読むようにすれば、仕事でも便利に使えますし、こうした表現が問われても正解できるようになります。

**訳**

レポートの情報は次の会計年度に直接関連しているので、明日の予算計画会議の焦点となるでしょう。

TOEIC テスト
の筋トレ 112

形容詞を修飾するのは副詞です。

できたら…○
できなかったら…×

次の選択肢の中から正しいものを選びなさい。

Please ask all employees in Stanley Tower (　　)
the building through the service entrance while
the lobby is being renovated.

(A) entered

(B) to enter

(C) be entered

(D) entering

---

**単 語 の 意 味**

**employee** [ɪmplɔ́ɪiː] ……………… 従業員、会社員
**through** [θrúː] ………………………… 〜を通り抜けて、〜の中を通って
**renovate** [rénəvèɪt] ……………… 〜を改修する、修繕する

**解説**

**不定詞の問題です。**

選択肢には動詞 enter のさまざまな形が並んでいるので、適切な動詞の形を判断する問題だとわかります。

英文の意味を考えると Please ask all employees in Stanley Tower（　）the building 部分は「スタンレータワーの全ての従業員にその建物に入ってもらうよう頼んでください」という意味になるのではと推測できます。

ここで、ask という動詞に注目しましょう。
ask は、〈ask＋O（目的語）＋to 不定詞〉で、「O に〜するよう頼む」という意味になります。

この形に当てはまるのは、(B) の to enter しかありません。
(B) の **to enter** が正解です。

〈V（動詞）＋O（目的語）＋to 不定詞〉という形で使う動詞は、allow、expect、encourage など他にもいろいろありますので、一緒に覚えておきましょう。

**訳**

ロビーの改修中は、全ての従業員にスタンレータワーの通用口から入館してもらうようにしてください。

---

**TOEIC テスト
の筋トレ 113**

ask は〈ask＋O（目的語）＋to 不定詞〉の形で使うことができ、「O に〜するよう頼む」という意味になります。

できたら…○
できなかったら…×

次の選択肢の中から正しいものを選びなさい。

Whenever a production line worker (　　) a change in the quality of items, it must be reported to a supervisor immediately.

  (A) observes

  (B) reviews

  (C) prevents

  (D) guarantees

---

### 単 語 の 意 味

**whenever** [wenévər]……………〜するときはすぐ、〜するときはいつでも
**item** [áɪtəm]……………………………品物、製品
**supervisor** [súːpərvàɪzər]………監督者、管理者
**immediately** [ɪmíːdiətli]…………すぐに、即座に

## 解説

**適切な意味の動詞を選ぶ問題**です。

適切な意味の動詞を選ぶ問題は語彙問題と同じで、英文を読んで、全体の意味を考えなければなりません。

「生産ラインの作業員が製品の質に異変を〜ときには、すぐに監督者に報告する必要がある」という英文で、「〜」部分にどの動詞を入れれば文意が通るかを考えます。

文意が通るようにするには、「気が付く、見つける」のような意味の動詞が入るとわかります。したがって、(A) の observes「〜に気が付く」が正解です。

observe には「〜を観察する」という意味もあります。この意味しか覚えていない人は、間違えるかもしれません。それぞれの単語には、複数の意味があることが多いです。
英文を読みながら、それぞれの単語が持っているニュアンスを覚えるようにしましょう。

選択肢には全て三人称単数現在の -s が付いています。(B) の review「〜を再調査する、見直す」、(C) の prevent「〜を防ぐ、はばむ」、(D) の guarantee「〜を保証する、請け合う」では、文意が通りません。

### 訳

生産ラインの作業員が製品の質に異変を察知したときには、すぐに監督者に報告する必要があります。

---

**TOEIC テスト
の筋トレ 114**　　observe には「〜を観察する」だけでなく、「〜に気が付く」という意味もあり、よく使われます。

# 第115問

次の選択肢の中から正しいものを選びなさい。

The CEO has instructed senior management to ( ) the sharing of information among employees and managers alike.

    (A)　install

    (B)　regard

    (C)　facilitate

    (D)　familiarize

---

### 単 語 の 意 味

| | |
|---|---|
| **instruct A to ～** | A に～するよう指示する |
| **senior management** | 経営幹部、上級管理者 |
| **sharing** [ʃéəriŋ] | 共有、分かち合うこと |
| **among** [əmʌ́ŋ] | (3つ以上の) ～の間に、～のうちで |
| **employee** [ɪmplɔ́ii:] | 従業員 |
| **alike** [əláɪk] | 同様に |

## 解説

**適切な意味の動詞を選ぶ問題**です。

適切な意味の動詞を選ぶ問題は語彙問題と同じで、英文を読んで、全体の意味を考えなければなりません。

「CEO は従業員と管理職の間で同等に情報共有を〜ように経営幹部に指示した」という英文で、「〜」部分にどの動詞を入れれば文意が通るかを考えます。

(C)の facilitate「**〜を容易にする、促進する**」であれば、文意が通ります。したがって、(C)の facilitate が正解です。

ビジネスでは facilitate の派生語である facilitator「司会者、まとめ役」が頻繁に使われます。

(A)install「〜を据え付ける、設置する」、(B)regard「〜を(…と)見なす、考える」、(D)familiarize「〜に慣れさせる」では、文意が通りません。

### 訳

CEO は従業員と管理職の間で同等に情報共有を容易に行えるように経営幹部に指示しました。

TOEIC テスト
の筋トレ 115

facilitate は「〜を容易にする、促進する」という意味の動詞です。

# 第116問

次の選択肢の中から正しいものを選びなさい。

In order to evaluate this year's interns, the Human Resources department has allocated a distinct task to (    ) of them.

    (A)　those

    (B)　someone

    (C)　each

    (D)　none

---

### 単 語 の 意 味

in order to ～ ·························· ～するために
evaluate [ɪvǽljuèɪt] ·················· ～を評価する、査定する
allocate [ǽləkèɪt] ····················· ～を割り当てる
distinct [dɪstíŋkt] ····················· 異なった、識別できる

**解説**

代名詞の問題です。

選択肢にはさまざまな形の代名詞が並んでいます。
(B)の someone は（　）of them の形をとれないので、不正解です。他の3つは（　）of them の形をとることができます。

(A)の those of ～ は一度出た名詞の反復を避けるとき、特にThe symptoms of novel influenza are quite different from those of the old one.「新型インフルエンザの症状は、旧型の症状とは全く異なります」のように比較する場合に使われることが多いです。この問題では何かを比較しているわけではありません。
また、(D)の none of ～ は「（3人以上の中の）誰一人として～ない」の意味なので、文意が通りません。

(C)の each「（～の）それぞれ」を入れて each of them とすれば、the Human Resources department has allocated a distinct task to each of them 部分は「人事部ではそれぞれのインターンに個別のタスクを割り当てました」となるので、文意が通ります。したがって、正解は(C)each です。

よく使われる one of ～「～のうちの1つ（一人）」や some of ～「～のうちのいくつか（いく人か）」なども一緒に覚えておきましょう。

**訳**

今年のインターンを評価するために、人事部ではそれぞれのインターンに個別のタスクを割り当てました。

**TOEIC テストの筋トレ 116**　　each of ～の形で、「～のそれぞれ」という意味になります。

できたら…○
できなかったら…×

次の選択肢の中から正しいものを選びなさい。

The travel guidebook introduces a (    ) and cost-effective way to reduce transportation costs while vacationing in Europe.

(A) simple

(B) simplified

(C) simplicity

(D) simply

---

### 単 語 の 意 味

introduce [ìntrəd(j)úːs]··············〜を紹介する
cost-effective························費用対効果の高い
reduce [rɪd(j)úːs]·····················〜を削減する、減らす
transportation cost············交通費、輸送費
vacation [veɪkéɪʃən]················休暇を過ごす

**解説**

**形容詞の問題です。**

選択肢に似た形の単語が並んでいるので、品詞問題かもしれないと考えます。品詞問題の場合、空欄前後が重要になります。

空欄直前は冠詞の a で、空欄後に接続詞 and が続き、その後ろが cost-effective way と〈形容詞＋名詞〉になっています。**省略をしないで書くと a (　) way and cost-effective way なのですが、way の重複を避けるために最初の way を省略し、a (　) and cost-effective way となっているのです。**

**したがって、名詞 way を修飾する形容詞である(A)の simple「簡単な」を入れれば、正しい英文になります。**

(B)の simplified も形容詞ですが、「簡素化された」という意味なので文意が通りません。

a (　) の後ろに way が省略されていることがわかれば、簡単に解ける問題です。

**訳**

その旅行ガイドブックでは、ヨーロッパで休暇を過ごす際に交通費を抑えるための簡単で費用対効果の高い方法を紹介しています。

**TOEIC テスト
の筋トレ 117**

〈形容詞＋名詞〉and〈形容詞＋名詞〉の形で and の前後の名詞が同じ場合には、重複を避けるために最初の名詞を省略して使うことが多いです。

次の選択肢の中から正しいものを選びなさい。

David Forsberg has spent his entire career building the trust of clients as a (　　) business consultant in the city of Wellington.

    (A)　potential

    (B)　respective

    (C)　liable

    (D)　reliable

---

### 単 語 の 意 味

**spend A 〜ing**⋯⋯⋯⋯⋯⋯⋯〜するのに A を費やす
**career** [kəríər]⋯⋯⋯⋯⋯⋯⋯⋯キャリア、経歴
**trust** [trʌst]⋯⋯⋯⋯⋯⋯⋯⋯⋯信頼、信用
**client** [kláɪənt]⋯⋯⋯⋯⋯⋯⋯クライアント、顧客

**解説**

語彙問題です。

語彙問題は英文を読み、全体の意味を考えなければなりません。

「デビッド・フォースバーグさんは、ウェリントン市で～ビジネスコンサルタントとしてクライアントの信用を得ることにキャリアの全てを捧げてきた」という英文で、「～」部分に何を入れればいいのかを考えます。

(D)の reliable「**信頼できる、頼りになる**」であれば、文意が通ります。
reliable service「信頼できるサービス」という表現はビジネスでもよく使われます。
また、名詞の reliability「信頼性」、同義語の dependable「信頼できる」も語彙問題として出題されています。一緒に覚えましょう。

(A)potential「潜在的な、可能性がある」、(B)respective「それぞれの、各自の」、(C)liable「(法的に)責任がある、免れない」では、どれも文意が通りません。

**訳**

デビッド・フォースバーグさんは、ウェリントン市で信頼できるビジネスコンサルタントとしてクライアントの信用を得ることにキャリアの全てを捧げてきました。

**TOEIC テスト
の筋トレ 118**

reliable は「信頼できる」という意味の形容詞です。

# 第119問

次の選択肢の中から正しいものを選びなさい。

To comply with the terms of the contract between our firm and Holden Securities, (　　) must be taken to reduce the risk of data leaks.

(A) trust

(B) perception

(C) precautions

(D) relevance

---

### 単 語 の 意 味

**comply with ～**······················～に従う、応じる
**terms** [tə́ːrmz]··························条件
**contract** [kɑ́ːntrækt]··············契約、契約書
**securities** [sɪkjúərətiz]············（複数形で）証券
**risk** [rísk]·····························リスク、危険
**leak** [líːk]·····························漏えい、漏れ

難易度… ★★★

## 解説

**語彙問題**です。

語彙問題は英文を読み、全体の意味を考えなければなりません。

「当社とホールデン証券との間の契約条件に従い、データ漏えいのリスクを減らすための〜がとられなければならない」という英文で、「〜」部分に何を入れればいいのかを考えます。

precaution「**予防措置、予防策、警戒**」の複数形である(C)のprecautionsであれば、文意が通ります。

(A)の trust「信頼、信用」や(D)の relevance「関連性、適切さ」を選んだ人がいると思いますが、ここでは動詞に take が使われています。take trust とか take relevance という使い方はしません。(B)の perception「認識、知覚」では、文意が通りません。

## 訳

当社とホールデン証券との間の契約条件に従い、データ漏えいのリスクを減らすための予防措置をとる必要があります。

**TOEIC テスト
の筋トレ 119**

precaution は「予防措置、予防策、警戒」という意味の名詞です。take precautions で「予防措置をとる」という意味になります。

# 第120問

次の選択肢の中から正しいものを選びなさい。

As of next week, all junior accountants will be dedicated (　　) to assisting clients who are trying to meet the March 31 tax deadline.

- (A) formerly
- (B) conveniently
- (C) exclusively
- (D) alternatively

---

### 単 語 の 意 味

| | |
|---|---|
| as of 〜 | 〜以降は |
| be dedicated to 〜 | 〜に専念する、打ち込む |
| assist [əsíst] | 〜を手伝う |
| try to 〜 | 〜しようと試みる |
| meet the deadline | 締め切りに間に合わせる |

**解説**

**適切な意味の副詞を選ぶ問題です。**

選択肢にはさまざまな副詞が並んでいるので、適切な意味の副詞を選ぶ問題だとわかります。英文の意味を考えて文意に合う副詞を選ばなければならないので、語彙問題に似ています。

「来週以降、全ての会計士補は、3月31日の納税期限に間に合わせようとしているクライアントをサポートすること〜専念する」という英文で、「〜」部分に入れて文意が通る副詞は何かを考えます。

(C)の exclusively「**全く〜のみ、もっぱら**」であれば、文意が通ります。
exclusively はビジネス関連の英文でよく使われるせいか、時々出題されます。

(A)formerly「以前は、かつては」、(B)conveniently「都合よく、好都合に」、(D)alternatively「代わりに、もう1つの方法として」では文意が通りません。

**訳**

来週以降、全ての会計士補は、3月31日の納税期限に間に合わせようとしているクライアントをサポートすることだけに専念します。

**TOEIC テスト
の筋トレ 120**
exclusively は「全く〜のみ、もっぱら」という意味の副詞で、ビジネス関連の英文でよく使われます。

COLUMN
**4**

# Lをいかに伸ばすかが
# 満点を取るためのポイントだった

（金融業・30代）

**中村先生のTOEIC教室に通い、高得点を得た人の体験談です。モチベーションの維持に活用してください（編集部）。**

　私は、中村先生の教室に通って2カ月で、満点の990点を取ることができました。

　満点は正直、たまたまかもしれません。しかし、先生から教わったやり方を愚直に練習し、自分でも褒めたいくらい練習を重ねたことで、高得点圏内まで実力を伸ばせたことは確かです。

　私の最初のスコアは630です。R460、L170前後でした。私が先生の授業を最初に受けたのは、7年前です。

　その時はRの点数が高かったこともあり、ある程度自己流でやってしまい、いろいろな参考書にも手を出してしまった結果、点数は全然伸びませんでした。そこが大きな反省点でした。

　また、TOEIC試験の改変後、難易度が上がり、さらに点数が取れなくなり、再度先生の授業を受けることにしました。その時に心に誓ったのは、先生の授業を素直に聞き、忠実に実践するということです。私は、先生の授業を録音し、先生の言葉をノートに一言一句書き復習しました。

　先生から教わった中で1番大事なことは、「Lをいかにして伸ばせるか」です。これが短期間でスコアを伸ばす近道だということです。

　当然ながら、私もLを伸ばすことに1番注力しました。先生から教わった設問、選択肢の先読みを特訓しました。練習すればするほど、特に先読みのリズムがとても大事だと気づきます。

　選択肢の先読みがスムーズにできるくらい練習することも大事です。しかし、本番で先読みのリズムが崩れそうになった時に、一問捨てる勇気が持てるくらいの余裕を持てるほどの練習を積めるか否かが大事です。

　Lの練習をする際に大事なのは、ある程度のRの力です。私はRが平均460をコンスタントに取れる力がありました。だから、Lの練習が楽でした。設問や選択肢がある程度スムーズに読めるからです。

　Rの力が200前後と弱い方は、まずはRの力を強化することをお勧めします。

　先読みができるようになると、選択肢を読みながらストーリーを予測する力がついてきます。私は、ストーリーを予測しながら解くことで余裕が出たことと、何よりもLが楽しくなりました。次はどんなストーリーが流れてくるんだろうと考える余裕が生まれるからです。

　そうすることで、1番大事な先読みのリズムが生まれてきます。何度も言いますが、先読みのリズムが1番大事なのです。

　私は、先生の授業と公式問題集以外はやっていません。

　公式問題集以外はやる必要はないと私は思っています。

　勉強は孤独な戦いになることが多いと思います。ですので、モチベーションをいかに保つかが大事です。

　私は、教室で学ぶことで、同じ目標を持って授業を受けていらっしゃる方々と勉強を共にすることがモチベーションの維持に繋がっていました。

　TOEICは、長期戦ではありません。効率的な方法で、短期で点数を伸ばすことをお勧めします。私は、先生の授業と公式問題集を2カ月集中して練習を重ね、スコア630を満点にしました。

# 「努力は決して
# 裏切らない」
## 31問

お疲れ様です。
いよいよ最後の 31 問です。
ここまでがんばってきたあなたに、
王貞治元ダイエー監督の言葉を贈ります。
「努力は必ず報われる。
もし報われない努力があるのならば、
それはまだ努力と呼べない」

# 第121問

次の選択肢の中から正しいものを選びなさい。

Though it is costly, the XP shipping option is perfect for clients who have important deliveries that need to be (　　).

    (A)　expedited

    (B)　expedition

    (C)　expedite

    (D)　expediting

---

### 単 語 の 意 味

costly [kɔ́(:)stli]······················ 高価な、値段の高い
shipping [ʃípiŋ]····················· 配送、積み荷、出荷
delivery [dɪlívəri]··················· 配達物、配送

**解 説**

態を問う問題です。

選択肢には動詞 expedite「〜を急送する」のさまざまな形が並んでいるので、動詞関連の問題だとわかります。動詞関連の問題では、複数のポイントが組み合わさっている場合も多いので、1つずつチェックします。

空欄直前に be 動詞があるので、正解となりうるのは受動態を作る(A)の expedited か、能動態を作る(D)の expediting ではないかと推測できます。
空欄の少し前に置かれた that は関係代名詞の主格の that で、動詞部分が need to be ( ) です。関係代名詞 that の先行詞は、直前の important deliveries「重要な配達物」です。
関係代名詞 that の意味上の主語はこの important deliveries なので、受動態を使って「重要な配達物は急送される」となるとわかります。したがって、(A)の expedited が正解です。

この英文には、who と that という2つの関係代名詞が使われています。関係代名詞が理解できていない人は英文の意味がとれないので、間違えるかもしれません。

expedite には「〜を急送する」以外に「〜を迅速に処理する」という意味もあり、テスト改変以降、パート5だけでなく他のパートでの使用も増えています。

**訳**

料金は上がりますが、XP 配送は、急送する必要のある重要な配達物がおありのお客様にはぴったりです。

---

**TOEIC テスト
の筋トレ 121**　　expedite は「〜を急送する、迅速に処理する」という意味の動詞で、テスト改変後 TOEIC 必須単語の1つになりました。

第**122**問

次の選択肢の中から正しいものを選びなさい。

Due to time constraints, event organizers (　　　) certain presentations scheduled in the original conference plan.

    (A)　are eliminated

    (B)　will be eliminated

    (C)　eliminating

    (D)　had to eliminate

---

**単 語 の 意 味**

**due to ～** ························ ～が原因で、～のせいで
**constraint** [kənstréɪnt] ··········· 制約、制限
**organizer** [ɔ́ːrɡənàɪzər] ··········· 主催者、事務局
**certain** ···························· 特定の、一定の

**解 説**

態を問う問題です。

選択肢には動詞 eliminate「〜を削除する」のさまざまな形が
並んでいます。

この英文の主語は event organizers で、動詞部分が空欄になっ
ています。
目 的 語 が certain presentations で、scheduled in the original
conference plan 部分は修飾語だとわかります。

まず、能動態になるのか受動態になるのか、態について考えま
す。
**能動態なのか受動態なのかは、主語と動詞の意味的な関係を考
えなければなりません。**
主語が「イベント主催者」で目的語が「特定の発表」なので、
能動態になるはずだとわかります。能動態になるのは、(D)の
had to eliminate しかありません。

「態を問う問題」は頻出問題です。受動態の出題の方が多いで
すが、能動態の問題も出題されます。

**訳**

時間的な制約のため、イベント主催者は元の会議計画で予定されていた発
表の一部を削除しなければなりませんでした。

---

**TOEIC テスト
の筋トレ 122**　　　能動態か受動態かの「態を問う問題」では、主語と動
詞の意味的な関係を考えます。

# 第123問

次の選択肢の中から正しいものを選びなさい。

Danforth Accountants is in the process of employing another (　　) for its London office to help during the busy tax season.

- (A) assist
- (B) assistance
- (C) assisting
- (D) assistant

---

### 単語の意味

in the process of ···················· 〜の最中で、進行中で、過程で
employ [ɪmplɔ́ɪ] ························ 〜を雇う、採用する
during [dɔ́ːrɪŋ] ························· 〜の間ずっと、〜の間に
tax season ··························· 確定申告の時期

**解　説**

**名詞の問題**です。

選択肢の形が似ているので、品詞問題かもしれない、と考えましょう。品詞問題の場合、空欄前後が重要になります。

空欄前は another と形容詞で、空欄後は〈前置詞＋名詞句〉と修飾語が続いています。したがって、空欄には形容詞が修飾する名詞が入るはずです。

選択肢の中で名詞は (B) の assistance「援助、手伝い」と (D) の assistant「アシスタント、助手」です。どちらが正解かは英文を読んで意味を考えなければなりません。

another の前に、employ「〜を雇う」という動詞の動名詞 employing があります。

**雇う対象は「人」**なので、概念を表す (B) の assistance ではなく、人を示す (D) の **assistant** が正解だとわかります。

あわてて解くと間違って概念を表す (B) の assistance「援助、支援」を選んでしまいます。そこを狙ったひっかけ問題です。名詞問題は簡単なせいか選択肢に名詞が複数ある場合が少なくないので、他に名詞がないか必ずチェックしましょう。

**訳**

ダンフォース・アカウンタンツでは、確定申告の繁忙期の間、ロンドン支店の手伝いをするアシスタントをもう一人雇おうとしているところです。

**TOEIC テスト
の筋トレ 123**　　名詞の問題は早急に判断しないで、選択肢に他に名詞がないか必ずチェックしましょう。

# 第124問

次の選択肢の中から正しいものを選びなさい。

All movies will be shown at the scheduled times
(　　) there are no audience members in the
theater.

(A) concerning

(B) once

(C) even if

(D) so that

---

### 単 語 の 意 味

**scheduled time**··················予定時間
**audience member**···············観客
**theater** [θíːətər]······················劇場

**解説**

接続詞の問題です。

文頭から空欄までも、空欄以降も節 [S（主語）＋V（動詞）] です。**節と節を結ぶのは接続詞**です。選択肢の中で(A)の concerning だけが前置詞で、他は接続詞の用法があります。

(B)once、(C)even if、(D)so that のどれが正解かは、どれであれば文意が通るかで判断します。

空欄前まで「すべての映画は予定された時間帯に上映される」と言っていて、空欄以降では「劇場に観客がいない」と言っています。
この2つの節をつないで意味が通るのは、(C)の even if「たとえ〜でも」しかありません。

even if は接続詞の if に if を強調する副詞の even「〜でさえ、〜でも」が付いたもので、even if で「たとえ〜でも」という意味になります。

(B)once は「いったん〜すると、〜するとすぐに」、(D)so that は「〜するように」という意味の接続詞ですが、これらでは文意が通りません。

**訳**

たとえ劇場に観客がいなくても、すべての映画は予定された時間帯に上映されます。

---

**TOEIC テスト の筋トレ 124**　　even if は接続詞の if に if を強調する副詞の even「〜でさえ、〜でも」が付いたもので、even if で「たとえ〜でも」という意味になります。

# 第125問

次の選択肢の中から正しいものを選びなさい。

Some of the expressions in the president's speech will be changed because his advisors feel that the language is (　　) formal.

(A) excessively

(B) exceed

(C) excessive

(D) excess

---

### 単 語 の 意 味

**expression** [ɪkspréʃən]············· 表現、言い回し
**language** [læŋgwɪdʒ]················ 言葉、言語
**formal** [fɔ́ːrml]························· 形式ばった、硬い

**解 説**

**副詞の問題**です。

選択肢に似た形の単語が並んでいるので、品詞問題かもしれないと考えます。品詞問題の場合、空欄前後が重要になります。

この英文の空欄前は be 動詞の is で、空欄後には状態を表す形容詞の formal が続いています。**形容詞を修飾するのは副詞な**ので、副詞の(A)excessively「過度に、過大に」を選べば正しい英文になります。

副詞は形容詞、動詞、他の副詞、副詞句、節、文全体を修飾します。

**訳**

言葉が硬すぎると大統領補佐官が感じたため、大統領演説の表現の一部は変更される予定です。

形容詞を修飾するのは副詞です。

# 第126問

次の選択肢の中から正しいものを選びなさい。

Based on the updates to company policies, (     ) is required from a senior manager before booking any overseas business travel.

(A) preview

(B) access

(C) minimization

(D) authorization

---

### 単 語 の 意 味

**based on 〜**······················〜に基づき
**update** [ápdèıt]······················更新
**company policy**···················会社方針
**require** [rıkwáıər]······················〜を求める、要求する
**senior manager**···················上級管理者
**overseas business travel**···海外出張

**解説**

語彙問題です。

語彙問題は英文を読み、全体の意味を考えなければなりません。

「会社方針の更新に基づき、海外出張の場合は予約前に上級管理者の〜が必要となる」という英文で、「〜」部分に何を入れればいいのかを考えます。

(D)の authorization「**許可、承認**」であれば、文意が通ります。
派生語の authorities「当局」を問う問題を133ページに掲載しています。
authorization には「権限を与えること、権限付与」という意味もあります。
動詞の authorize「〜に権限を与える、許可を与える」も出題されています。

(A)preview「下見、試写」、(B)access「アクセス、接近」、(C)minimization「最小化」では、文意が通りません。

**訳**

会社方針の更新に基づき、海外出張の場合は予約前に上級管理者の許可が必要となります。

**TOEIC テスト
の筋トレ126**　　authorization は「許可、承認」という意味の名詞です。

# 第127問

次の選択肢の中から正しいものを選びなさい。

Qtrans is a smartphone application that is popular with tourists because it gives travelers access to local (　　) within seconds of arrival.

(A) currency

(B) expense

(C) reimbursement

(D) value

---

## 単 語 の 意 味

**application** [æplɪkéɪʃən]············アプリケーション、（略）APP
**popular** [pάːpjələr]·····················人気のある、評判のいい
**within seconds**······················数秒以内に、たちまち

## 解説

語彙問題です。

語彙問題は英文を読み、全体の意味を考えなければなりません。

接続詞 because までで「Q トランスは旅行者に人気のスマホアプリだ」と言っていて、because 以降でその理由を述べています。

beacuse 以降では「到着後すぐに現地〜にアクセスできるので」と言っています。(A)の currency「通貨」であれば、文意が通ります。

currency は半ば日本語になっている名詞です。

local「現地の」や locally「現地で」もビジネス必須単語です。この問題では空欄前に置かれた、この local が大きなヒントになります。

(B)expense「経費」、(C)reimbursement「払い戻し」、(D)value「価値」では、文意が通りません。

### 訳

到着後すぐに現地通貨にアクセスできることから、Q トランスは旅行者に人気のスマホアプリです。

**TOEIC テスト の筋トレ 127**　　currency は「通貨」という意味の名詞で、local currency で「現地通貨」という意味になります。

# 第128問

次の選択肢の中から正しいものを選びなさい。

The (　) applicant for the managerial position will have at least five years of experience as a sales representative.

(A) preferably

(B) prefer

(C) preferred

(D) preferring

---

### 単語の意味

**applicant** [ǽplɪkənt]···············応募者、申込者
**managerial** [mænədʒíəriəl]······管理者の、経営上の
**at least**·······································少なくとも
**sales representative**···········営業職、販売員、セールスマン

**解説**

分詞の問題です。

分詞には、現在分詞（〜ing）と過去分詞（〜ed）があります。
両方とも形容詞的に用いられることが多いです。
分詞は形容詞の働きをするので名詞を修飾します。

現在分詞は「〜している、〜する」という能動的な意味になり、過去分詞は「〜された、〜される」という受動的な意味になる場合が多いです。

空欄前後を直訳すると、「管理職への好まれる応募者は」とつなげるのが自然だとわかります。「〜された、〜される」という受動的な意味は過去分詞で表しますので、(C)の preferred が正解です。

分詞の使い方としては、修飾する「名詞の前に来る」用法と、「名詞の後ろに来る」用法があります。この英文では過去分詞 preferred を前に置いて、後ろの名詞 applicant を修飾しています。

preferred applicant「好ましい応募者」や preferred candidate「好ましい候補者」は求人広告で頻繁に使われる表現です。

**訳**

管理職への好ましい応募者は、営業職で最低5年の経験を有することです。

---

**TOEIC テスト
の筋トレ 128**

分詞は形容詞の働きをし、名詞を修飾します。「〜された、〜される」と受動的な意味になる場合には過去分詞を使います。

# 第129問

次の選択肢の中から正しいものを選びなさい。

Before any product is approved to be distributed in the market, an (　　) review is done by the legal department.

(A) extend

(B) extensive

(C) extension

(D) extensively

---

### 単 語 の 意 味

**product** [prá:dəkt]·················製品、生産物
**approve** [əprúːv]·················〜を承認する、許可する
**distribute** [dɪstríbjuːt]·············〜を流通させる、配送する
**review** [rɪvjúː]·················審査、検査
**legal department**·················法務部

**解 説**

*形容詞の問題です。*

選択肢に似た形の単語が並んでいるので、品詞問題かもしれないと考えます。

品詞問題の場合、空欄前後が重要になります。
コンマに続く主節を読むと、主語が an (　) review で、動詞が is done だとわかります。主語になるのは、名詞か名詞句です。

an (　) review が名詞句になるには、**空欄には名詞 review を修飾する形容詞が入るはずです。**

選択肢の中で、形容詞は(B)の extensive **「広範囲に及ぶ、大規模な」** しかありません。

extensive は品詞問題としてだけでなく、語彙問題として出題されることもあります。意味も覚えておきましょう。

**訳**

いかなる製品も市場流通が承認される前に、法務部による広範囲に及ぶ審査が行われます。

---

**TOEIC テスト
の筋トレ 129**

名詞を修飾するのは形容詞です。extensive は「広範囲に及ぶ、大規模な」という意味の形容詞です。語彙問題として出題されることもあります。

# 第130問

次の選択肢の中から正しいものを選びなさい。

Duff's Manufacturing was praised by business leaders not just for the success of its rapid expansion, but for doing so (　) a small budget.

(A) over

(B) on

(C) among

(D) into

---

### 単 語 の 意 味

**praise** [préɪz]···························〜を褒める、称賛する
**rapid** [rǽpɪd]····························急速な、迅速な
**expansion** [ɪkspǽnʃən]···········拡大、拡張
**budget** [bʌ́dʒət]·······················予算、予算案

## 解 説

前置詞の問題です。

選択肢には前置詞が並んでいるので、前置詞の問題だとわかります。

前置詞の問題の場合、少し長めに英文を読まなければならない問題もありますが、この問題は空欄前後の for doing so (　　) a small budget 部分をチェックするだけでも解けます。

was praised 以下で褒められた理由を2つ述べており、1つ目の理由が the success of its rapid expansion「急速な拡大の成功」に対してで、2つ目の理由が doing so (　　) a small budget 部分です。「少ない予算でそうしたこと」に対してだろうと推測できます。

**「予算で」と言う場合は、前置詞の on を使います。**したがって、(B)の on が正解です。

budget も語彙問題として出題されることがあります。

### 訳

ダフ・マニュファクチュアリングは、急速な拡大に成功したということだけでなく、少ない予算でそれを実現したということでビジネスリーダーたちからの称賛を浴びました。

「予算で」と言う場合は、前置詞の on を使います。

# 第131問

次の選択肢の中から正しいものを選びなさい。

(　　) hosting the exhibition at the Davidson Conference Center, this year's event will be held online.

(A) According to

(B) Instead of

(C) Over

(D) As

---

### 単 語 の 意 味

**host** [hóʊst] ·······························～を主催する
**exhibition** [èksəbíʃən] ··············展示会、展示
**online** [á:nláɪn] ·························オンラインで、ネットワーク上で

## 解説

**群前置詞の問題です。**

選択肢には前置詞と群前置詞が並んでいます。空欄後からコンマまでは名詞句になっています。選択肢は全て前置詞の働きがありますので、どれも名詞句の前に置くことができます。

次に意味を考えます。空欄後からコンマまでで「デビットソン・カンファレンスセンターでの展示を主催すること〜」と言っていて、コンマ後で「今年のイベントはオンライン上で開かれる」と言っています。選択肢の中で、「〜」部分に入れて文意が通るのはどれか考えます。

(B) の Instead of「**〜の代わりに**」を入れれば「デビットソン・カンファレンスセンターでの展示を主催する代わりに」となり、文意が通ります。

A instead of B で「B の代わりに A」という意味になりますが、この問題のように Instead of B, A … の形で使うことも多いです。instead of はパート 5 でもパート 6 でも出題される表現です。

(A) According to は「〜によると」、(C) Over は「〜の期間にわたって、〜を超えて」、(D) As は「〜として」という意味なので、文意に合いません。

## 訳

デビットソン・カンファレンスセンターでの展示を主催する代わりに、今年のイベントはオンライン上で開かれます。

**TOEIC テスト
の筋トレ 131**　　instead of 〜は「〜の代わりに」という意味の群前置詞です。パート 5 でもパート 6 でも出題されます。

次の選択肢の中から正しいものを選びなさい。

A majority of employees responded surprisingly ( ) when asked how the company should handle the financial crisis.

(A) sympathize

(B) sympathetically

(C) sympathetic

(D) sympathy

---

### 単語の意味

**a majority of ～**･････････････････〜の大部分
**respond** [rɪspάːnd]････････････････反応する、対応する、答える
**surprisingly** [sərprάɪzɪŋli]･･･････驚くほどに
**financial crisis**････････････････････財政危機、金融危機

**解説**

副詞の問題です。

選択肢に似た形の単語が並んでいるので、品詞問題かもしれないと考えます。品詞問題の場合、空欄前後が重要になります。

空欄の少し前に responded という動詞があります。**動詞を修飾するのは副詞なので、副詞である**(B)の sympathetically「**共感して、同情して**」を選べば正しい英文になります。

簡単な問題ですが、力がない人を惑わせようと意図的に空欄直前に副詞の surprisingly を置いています。空欄に動詞を修飾する sympathetically という副詞が入り、その副詞を修飾する副詞である surprisingly が空欄前に置かれているのです。力がないと副詞が２つ続くはずがないと考えて、別の選択肢を選んでしまうのです。

副詞は動詞、形容詞、他の副詞、副詞句、節、文全体を修飾します。

**訳**

同社の財政難にどのように対処すべきか尋ねられたとき、社員の大多数は驚くほど共感的な反応を見せました。

**TOEIC テスト
の筋トレ 132**

副詞を修飾するのは副詞なので、副詞が２つ続くこともあります。この種のひっかけ問題は過去にも出題されています。

# 第 133 問

次の選択肢の中から正しいものを選びなさい。

Janet Goodwin will be away on business for the remainder of the month, (　　) she can be reached by email if needed.

(A)　even

(B)　though

(C)　whether

(D)　since

---

### 単語の意味

**away** [əwéi]······················不在で、留守で
**remainder** [rıméındər]············残り、余り
**reach** [ríːtʃ]·····················〜に連絡する

## 解説

接続詞の問題です。

文頭からコンマまでも、空欄以降も、節 [S(主語)＋V(動詞)] です。**節と節を結ぶのは接続詞です。**選択肢を見ると(A)の even 以外は、全て接続詞の用法があります。

どれであれば文意が通るかを考えます。
空欄からコンマまでで「ジャネット・グッドウィンさんは今月末まで出張で不在だ」と言っていて、コンマ以降では「必要があればメールで連絡できる」と言っています。

この2つの節をつないで意味が通るのは、**「譲歩」を表す接続詞**である(B)の though「〜だけれども、〜にもかかわらず」しかありません。

同じ意味の接続詞 although は知っていても、though は知らないという人もいます。although と though の違いは、though は副詞として用いるときもあり、その際には文末に置いて使うこともできるという点です。
although、though 両方ともに出題されます。

(C)whether「〜かどうか」、(D)since「〜なので」では文意が通りません。

### 訳

必要があればメールで連絡がつきますが、ジャネット・グッドウィンさんは今月末まで出張で不在です。

**TOEIC テストの筋トレ 133**

though は「〜だけれども、〜にもかかわらず」という意味の接続詞です。although と同じ意味で、使い方もほぼ同じですが、though は副詞として用いるときには文末に置いて使うこともできます。

# 第134問

できたら…○
できなかったら…×

次の選択肢の中から正しいものを選びなさい。

The new housing development that will be completed next spring is expected to be popular because the renowned Arcadia University is (　　).

(A)　distant

(B)　reasonable

(C)　nearby

(D)　affordable

---

### 単 語 の 意 味

**housing development**⋯⋯⋯（分譲住宅）団地
**complete** [kəmplíːt]⋯⋯⋯⋯⋯〜を完成する、完了する
**expect** [ɪkspékt]⋯⋯⋯⋯⋯⋯〜を予想する、期待する
**popular** [pάːpjələr]⋯⋯⋯⋯⋯人気のある、評判の良い
**renowned** [rɪnáund]⋯⋯⋯⋯⋯名高い、名声のある

**解説**

**語彙問題です。**

語彙問題は英文を読み、全体の意味を考えなければなりません。

because 前までの主節で「来春完成する予定の新しい団地は人気が出ると予想される」と言っており、because 以降で「有名なアルカディア大学が～なので」とその理由を述べています。

(C)の nearby「**すぐ近くの**」を入れれば「有名なアルカディア大学が近くにあるので」となり、文意が通ります。したがって(C)の nearby が正解です。

ここでは nearby が形容詞として使われていますが、他に「すぐ近くに」という副詞としての用法があり、副詞の nearby が出題されたこともあります。
形容詞としての用法、副詞としての用法の両方を覚えましょう。

(A)distant「遠い、離れた」、(B)reasonable「道理にかなった、手ごろな」、(D)affordable「手ごろな価格の」では、文意が通りません。

**訳**

有名なアルカディア大学が近くにあるので、来春完成する予定の新しい団地は人気が出ると予想されます。

**TOEIC テスト
の筋トレ 134**　　nearby は「近くの」という意味の形容詞ですが、nearby は他に副詞としての用法もあります。

# 第135問

次の選択肢の中から正しいものを選びなさい。

The (　　) responsibilities of the facilitator are keeping the meeting on schedule, introducing speakers, and leading discussions.

(A) affiliated

(B) limited

(C) primary

(D) conditional

---

### 単 語 の 意 味

**responsibility** [rɪspɑ̀ːnsəbíləti] ····· 責務、職責
**facilitator** [fəsílətèɪtər] ················ 進行役、司会者
**on schedule** ···························· 予定通りに

**解 説**

**語彙問題**です。

語彙問題は英文を読み、全体の意味を考えなければなりません。

「進行役の〜役目は、会議を予定通りに進めること、講演者の紹介、そして議論を主導することだ」という英文で、「〜」部分に何を入れればいいのかを考えます。

(C)の primary「**主な**」であれば、文意が通ります。
副詞の primarily「主に」もパート5で出題されます。同義語である main「主な」やその副詞である mainly「主に」もパート5で出題されます。一緒に覚えましょう。

(A)affiliated「関連のある、提携している」、(B)limited「限られた、制限された」、(D)conditional「条件付きの、条件としての」では、どれも文意が通りません。

**訳**

進行役の主な役目は、会議を予定通りに進めること、講演者の紹介、そして議論を主導することです。

---

**TOEIC テスト
の筋トレ 135**　　primary は「主な」という意味の形容詞で、main と同じ意味です。

# 第136問

次の選択肢の中から正しいものを選びなさい。

Although the panel encouraged discussion on any issues, questions were confined (　　) to topics related to the next fiscal year.

- (A) mainly
- (B) extremely
- (C) overly
- (D) continuously

---

### 単 語 の 意 味

| | |
|---|---|
| **panel** [pǽnl] | 委員会 |
| **encourage** [ɪnkə́:rɪdʒ] | 〜を促す、勧める、奨励する |
| **issue** [íʃu:] | 問題、問題点、論点 |
| **confine** [kənfáɪn] | 〜を限定する、制限する |
| **related to** 〜 | 〜に関係している、関連している |
| **fiscal year** | 会計年度 |

### 解 説

**適切な意味の副詞を選ぶ問題**です。

選択肢にはさまざまな副詞が並んでいるので、適切な意味の副詞を選ぶ問題だとわかります。英文の意味を考えて文意に合う副詞を選ばなければならないので、語彙問題に似ています。

「委員会はいかなる問題についても話し合うよう促したが、質問は〜翌会計年度に関する項目に限定されていた」という英文で、「〜」部分に入れて文意が通る副詞は何かを考えます。

(A)の mainly「主に、主として」であれば、文意が通ります。mainly 自体は簡単な副詞ですが、この問題を難しくしているのは、空欄直前に置かれた動詞の were confined です。confine「〜を限定する、制限する」の意味がわからなければ、正解が mainly だとわからないのです。単に空欄に入れる単語だけを知っていても正解できないという、いわゆる語法を問う問題が増えています。

mainly の同義語である primarily を問う問題も出題されています。一緒に覚えましょう。

(B)extremely「極めて、非常に」、(C)overly「過度に、あまりにも」、(D)continuously「継続的に、連続して」では、文意が通りません。

### 訳

委員会はいかなる問題についても話し合うよう促しましたが、質問は主に翌会計年度に関する項目に限定されていました。

---

**TOEIC テスト
の筋トレ 136**　　単に空欄に入れる単語だけを知っていても正解できない問題が増えています。

# 第137問

次の選択肢の中から正しいものを選びなさい。

According to the travel guidebook, the Wilmington walking tour that goes through the town's historic district is a (　) experience.

(A) promising

(B) worthwhile

(C) sufficient

(D) capable

---

### 単 語 の 意 味

**according to ～**·····················～によると
**go through**·····················(場所など) を通り抜ける、通過する
**district** [dístrɪkt]·····················地区、地域

**解 説**

**語彙問題です。**

語彙問題は英文を読み、全体の意味を考えなければなりません。

「旅行ガイドブックによると、街の歴史地区を回るウィルミントンのウォーキングツアーは〜体験だそうだ」という英文で、「〜」部分に何を入れればいいのかを考えます。

(B)の worthwhile「**価値のある**」であれば、文意が通ります。worth「価値」関連では、他にも be worth 〜ing「〜する価値がある」や worthy「価値のある、（〜するに）値する」なども、パート5だけでなく他のパートでも使われます。一緒に覚えましょう。

(A)promising「将来有望な、見込みのある」、(C)sufficient「十分な、満足な」、(D)capable「能力がある、有能な」では、文意が通りません。

**訳**

旅行ガイドブックによると、街の歴史地区を回るウィルミントンのウォーキングツアーは価値のある体験だそうです。

**TOEIC テスト
の筋トレ 137**　　worthwhile は「価値のある」という意味の形容詞です。

# 第138問

次の選択肢の中から正しいものを選びなさい。

This year's sales performance has been better than expected, (　　) staff will receive a bonus as well as extra days of paid leave.

(A)　nor

(B)　yet

(C)　so

(D)　provided

---

### 単 語 の 意 味

**sales performance**‥‥‥‥‥営業実績、販売実績
**expect** [ikspékt]‥‥‥‥‥‥‥〜を予想する、期待する
**as well as 〜**‥‥‥‥‥‥‥‥(A as well as B の形で) B と同様に A も、B のみならず A もまた
**paid leave**‥‥‥‥‥‥‥‥‥‥有給休暇

## 解説

接続詞の問題です。

文頭からコンマまでも、空欄以降も、節［S（主語）＋V（動詞）］です。**節と節を結ぶのは接続詞です。**選択肢は全て接続詞の用法があります。

どれであれば文意が通るかを考えます。
文頭からコンマまでで「今年の営業実績が予想以上に良かった」と言っていて、コンマ以降では「追加の有給休暇とボーナスが与えられる」と言っています。

この2つの節をつないで意味が通るのは、「結果」を表す接続詞である(C)の so「**だから、したがって**」しかありません。

(A)nor は「そしてまた～ない」、(B)yet は「けれども、それにもかかわらず」、(D)provided は「～という条件で、もし～ならば」という意味なので、これらでは文意が通りません。

## 訳

今年の営業実績が予想以上に良かったので、従業員には追加の有給休暇とボーナスが与えられます。

**TOEIC テスト
の筋トレ138**

節と節を結ぶのは、接続詞です。接続詞としての so には「だから、したがって」という意味があり、「結果」を表します。

# 第139問

次の選択肢の中から正しいものを選びなさい。

Electrical vehicle (　　) Caliber Motors will launch its new line of sedans and sports cars at next month's motor show.

(A) manufacturer

(B) manufacture

(C) manufacturing

(D) manufactured

---

### 単 語 の 意 味

**electrical vehicle**·················電気自動車
**launch** [lɔ́ːntʃ]··························〜を売り出す、発売する
**new line of 〜**························新シリーズの〜

**解説**

**複合名詞の問題**です。

選択肢の形が似ているので、品詞問題かもしれない、と考えましょう。品詞問題では空欄前後が重要になります。

Caliber Motors 部分は会社名だと推測できます。
主語が Electrical vehicle (　) で、その直後に具体的な会社名である Caliber Motors が続き、動詞が will launch で目的語が its new line of sedans and sports cars です。

主語になるのは名詞か名詞句なので、Electrical vehicle (　) が名詞になるには空欄に名詞を入れなければなりません。名詞である (A) の **manufacturer「メーカー、製造会社」**が正解です。

vehicle も manufacturer も名詞で、**名詞を2つ重ねて1つの名詞（複合名詞）**になっています。
electrical vehicle manufacturer で「電気自動車メーカー」という意味になります。

(C) の manufacturing も名詞ですが、「製作、生産」という意味なので文意が通りません。

**訳**

電気自動車メーカーのキャリバー・モーターズは、来月のモーターショーでセダンとスポーツカーの新しいラインナップを発売します。

**TOEIC テスト
の筋トレ 139**　　vehicle も manufacturer も名詞で、名詞を2つ重ねて1つの名詞「自動車メーカー」になっています。

# 第140問

できたら…○
できなかったら…×

次の選択肢の中から正しいものを選びなさい。

The land development company announced that it will be distributing additional information about the facility (　　) one month.

(A)　of

(B)　with

(C)　in

(D)　by

---

### 単 語 の 意 味

**development** [dɪvéləpmənt] ···· 開発、整備
**distribute** [dɪstríbjuːt] ·············· 〜を配信する、配送する
**additional** [ədíʃənl] ·················· 追加の、付加的な
**facility** [fəsíləti] ·························· 施設、設備

**解説**

前置詞の問題です。

選択肢にはさまざまな前置詞が並んでいるので、前置詞の問題だとわかります。

空欄直後が one month となっています。
選択肢の中で「時」に関する前置詞は、(C)の in「〜後に」と(D)の by「〜までに」だけです。どちらが正解かは英文の意味を考えます。

英文を読むと「土地開発会社は、一カ月〜施設に関する追加情報を配信すると発表した」と言っているので、「〜」部分に入れて使える(C)の in が正解だとわかります。

in は「(今を起点に)〜後に」という意味を表すことができます。

前置詞 by の後ろには、by April 10（4月10日までに）のように具体的な日程が続きます。one month を後ろに置いて使うことはできません。

**訳**

土地開発会社は、一カ月後に施設に関する追加情報を配信すると発表しました。

**TOEIC テストの筋トレ 140**

前置詞の in にはさまざまな意味がありますが、その1つに「(今を起点に)〜後に」という意味があります。

# 第141問

**次の選択肢の中から正しいものを選びなさい。**

In order to maintain the quality of all food products, carefully read instructions on labels as improper storage can cause products to (　　).

(A) fluctuate

(B) deteriorate

(C) reduce

(D) condense

---

### 単 語 の 意 味

**in order to ～** ························· ～するために
**maintain** [meɪntéɪn] ················ ～を維持する、保つ
**food product** ························ 食品
**carefully** [kéərfəli] ················ 注意深く、丁寧に
**improper** [ɪmprɑ́ːpər] ··············· 不適切な
**storage** [stɔ́ːrɪdʒ] ················· 保管、貯蔵

## 解説

**適切な意味の動詞を選ぶ問題です。**

適切な意味の動詞を選ぶ問題は語彙問題と同じで、英文を読んで、全体の意味を考えなければなりません。

「不適切な保管は商品の〜を引き起こしうるので、あらゆる食品の品質維持のため、ラベルの注意書きをよくお読みください」という英文で、「〜」部分にどの動詞を入れれば文意が通るかを考えます。

(B)の deteriorate「**劣化する、悪化する**」であれば、文意が通ります。したがって、(B)の deteriorate が正解です。

空欄の少し前に置かれた cause … to 〜表現が鍵になります。
cause … to 〜で「…（人・もの）に〜させる」という意味になります。

(A)fluctuate「（価格などが）変動する」、(C)reduce「〜を減らす」、(D)condense「（気体などが）液化する、（液体が）濃くなる」では、文意が通りません。

### 訳

不適切な保管は商品の劣化を招く恐れがありますので、あらゆる食品の品質維持のため、ラベルの注意書きをよくお読みください。

**TOEIC テスト
の筋トレ 141**

deteriorate は「劣化する、悪化する」という意味の動詞です。自動詞以外に他動詞としての用法もあり、他動詞だと「〜を劣化させる、悪化させる」という意味になります。

# 第 142 問

**次の選択肢の中から正しいものを選びなさい。**

The organizing committee plans to contact (    ) on the mailing list during the fundraising campaign starting next week.

(A)  no one

(B)  other

(C)  whoever

(D)  everyone

---

## 単 語 の 意 味

**organizing committee**········· 組織委員会
**contact** [kάːntækt]···················· ～と連絡をとる
**fundraising** [fʌ́ndrèɪzɪŋ]··········· 資金集めの

**解説**

代名詞の問題です。

この英文の主語は The organizing committee で、動詞部分が plans to contact です。また、空欄の後は〈前置詞＋名詞句〉になっているので、修飾語です。
これらから、空欄には contact の目的語が入るとわかります。

**目的語になるのは、代名詞か名詞**です。

複合関係代名詞である（C）の whoever「〜する人は誰でも」の場合、後ろにつなぐべき文がありません。

残るのは（A）の no one、（B）の other、（D）の everyone で、いずれも代名詞として使えます。

（A）の no one「誰も〜ない」だと「メーリングリストの誰にも連絡しない予定だ」、（B）の other だと「メーリングリストのほかの人に連絡する予定だ」となり、いずれも文意が通りません。

（D）の everyone「**すべての人**」であれば、「メーリングリストの全員に連絡する予定だ」となるので、文意が通ります。したがって、（D）の everyone が正解です。

**訳**

組織委員会は、来週から始まる資金調達キャンペーン期間中にメーリングリストの全員に連絡する予定です。

**TOEIC テストの筋トレ 142**

everyone は、every と one が合体した「すべての人」という意味の代名詞です。

# 第143問

できたら…○
できなかったら…×

次の選択肢の中から正しいものを選びなさい。

Italian director Roman Leone's latest romantic comedy, *Pasta in Pisa,* is (　　) to be nominated Foreign Film of the Year.

(A)　willing

(B)　likely

(C)　responsive

(D)　strict

---

### 単 語 の 意 味

**latest** [léɪtɪst]······················最新の
**romantic** [roʊmæntɪk]··············恋愛の、恋愛を扱った
**nominate** [nάːmənèɪt]··············〜をノミネートする、候補に指名する

**解説**

**語彙問題**です。

語彙問題は英文を読み、全体の意味を考えなければなりません。

「イタリアのローマン・レオーネ監督の最新ラブコメディ『パスタ・イン・ピサ』はフォーリン・フィルム・オブ・ザ・イヤーにノミネートされ〜」という英文の「〜」部分にあたるのが is (　　) to です。(　) 部分に入れて文意が通るのはどれかを考えます。

(B)の likely を入れて、is likely to「〜しそうだ」とすれば文意が通ります。
be likely to は他のパートでも頻繁に使われます。

(A)の willing を入れると「〜する意思がある」になり、(C)の responsive を入れると「〜に反応する」になり、文意が通りません。また、(D)の strict は「厳しい」という意味の形容詞ですが、「〜に対して厳しい」という意味では strict の後ろに with を置きます。to を置いて使うことはありません。

**訳**

イタリアのローマン・レオーネ監督の最新ラブコメディ『パスタ・イン・ピサ』はフォーリン・フィルム・オブ・ザ・イヤーにノミネートされそうです。

**TOEIC テスト
の筋トレ 143**　　be likely to は「〜しそうだ」という意味でよく使われる表現です。他のパートでも頻繁に使われます。

# 第144問

できたら…○
できなかったら…×

**次の選択肢の中から正しいものを選びなさい。**

This year's new hire training includes an innovative one-to-one mentoring progam, so it will be more ( ).

    (A)  qualified

    (B)  trustworthy

    (C)  mutual

    (D)  interactive

---

### 単 語 の 意 味

**new hire**·······························新入社員
**include** [ɪnklúːd]······················〜を含める
**innovative** [ínəvèɪtɪv]···············革新的な、創造力に富む
**one-to-one** [wʌ́ntəwʌ́n]··········1 対 1 の
**mentoring program**············社内指導教育プログラム

**解説**

**語彙問題**です。

語彙問題は英文を読み、全体の意味を考えなければなりません。

「今年の新入社員研修には革新的な1対1の社内指導教育プログラムが組み込まれており、より〜になっている」という英文で、「〜」部分にどの動詞を入れれば文意が通るかを考えます。

(D)の interactive「**対話式の、双方向（性）の、インタラクティブな**」であれば、文意が通ります。したがって、(D)の interactive が正解です。

(A)qualified「資格を持つ、ふさわしい」、(B)trustworthy「信頼できる」、(C)mutual「相互の」では、文意が通りません。

**訳**

今年の新入社員研修には革新的な1対1の社内指導教育プログラムが組み込まれており、よりインタラクティブになっています。

interactive は「対話式の、双方向（性）の、インタラクティブな」という意味の形容詞です。

# 第145問

できたら…○
できなかったら…×

次の選択肢の中から正しいものを選びなさい。

In order to promote better employee cooperation, all participants will (　　) into teams at next week's training session.

    (A)  divide

    (B)  adjust

    (C)  achieve

    (D)  collect

---

### 単 語 の 意 味

**in order to ～** ........................～するために
**promote** [prəmóut] ..................～を促進する、進める
**cooperation** [kouὰːpəréiʃən] .... 協力、協調
**participant** [pɑːrtísəpənt] ........ 参加者

**解 説**

適切な意味の動詞を選ぶ問題です。

適切な意味の動詞を選ぶ問題は語彙問題と同じで、英文を読んで、全体の意味を考えなければなりません。

「社員同士のいっそうの協力を促進するため、来週のトレーニングセッションで参加者全員がチームに〜」という英文で、「〜」部分にどの動詞を入れれば文意が通るかを考えます。

(A)の divide「分かれる」が正解です。divide には自動詞と他動詞があります。この英文では主語が all participants「すべての参加者」なので、自動詞の「分かれる」という意味で使われています。divide into teams で「**チームに分かれる**」という意味になります。

他動詞として使われる場合は「〜を分ける」という意味になるので、後ろに目的語である名詞か代名詞が続くか、受動態になるはずです。

(B)adjust「順応する、適応する」、(C)achieve「〜を達成する、実現する」、(D)collect「集まる、〜を集める」では、文意が通りません。

**訳**

社員同士のいっそうの協力を促進するため、来週のトレーニングセッションでは参加者全員がチームに分かれます。

**TOEIC テストの筋トレ 145**　　divide には自動詞と他動詞があり、自動詞として使われる場合は「分かれる」という意味になります。

# 第146問

次の選択肢の中から正しいものを選びなさい。

All interns who complete the three-month summer session at Davis and Wakefield Law will be eligible (　) a $2,000 scholarship.

(A) on

(B) for

(C) of

(D) by

---

### 単語の意味

**complete** [kəmplí:t]……………〜を修了する、終える、完了する
**eligible** [élədʒəbl]………………資格のある、ふさわしい、（法的に）適格な
**scholarship** [skά:lərʃip]………奨学金

**解 説**

**前置詞の問題です。**

選択肢には前置詞が並んでいるので、前置詞の問題だとわかります。

前置詞の問題の場合、少し長めに英文を読まなければならない問題もありますが、この問題は空欄後の be eligible （　）a $2,000 scholarship 部分をチェックするだけで解けます。

for を入れれば「2,000 ドルの奨学金（を受け取ること）に対して資格がある」という意味になり、文意が通ります。したがって、（B）の for が正解です。

**be eligible for 〜は「〜に対して資格がある、〜にふさわしい」という意味で、ビジネスでも頻繁に使われる表現です。**

不定詞の to を使った be eligible to 〜「〜する資格がある、権利がある」という表現も出題されています。一緒に覚えましょう。

前置詞の問題は、繰り返し出題されるものもありますが、さまざまな表現が出題されます。日頃から英文を読んで語感を鍛えましょう。

**訳**

デイビス・アンド・ウェイクフィールド弁護士事務所の3カ月間のサマーセッションを修了したインターンは全員、2,000 ドルの奨学金を受け取ることができます。

---

**TOEIC テスト
の筋トレ 146**　　　be eligible for 〜で「〜に対して資格がある、〜にふさわしい」という意味になります。

# 第147問

次の選択肢の中から正しいものを選びなさい。

Tour group participants are requested to arrive ( ) for the excursion, or risk losing their seat to someone on the waiting list.

- (A) late
- (B) punctually
- (C) accordingly
- (D) firmly

---

### 単 語 の 意 味

**participant** [pɑːrtísəpənt] ········· 参加者
**request** [rɪkwést] ····················· 〜を求める、要請する
**arrive** [əráɪv] ··························· 着く、到着する
**excursion** [ɪkskə́ːrʒən] ············· 遠足、小旅行
**risk 〜ing** ······························· 〜する恐れがある

**解説**

**適切な意味の副詞を選ぶ問題です。**

選択肢にはさまざまな副詞が並んでいるので、適切な意味の副詞を選ぶ問題だとわかります。英文の意味を考えて文意に合う副詞を選ばなければならないので、語彙問題に似ています。

空欄前の動詞が arrive「着く、到着する」です。arrive の後ろに置いて使えそうなのは、(A)の late か(B)の punctually しかありません。どちらであれば文意が通るかを考えます。

「ツアーグループに参加する方は、旅行のために〜到着して下さい、そうでなければキャンセル待ちリストの方に席をお譲りする恐れがある」と言っているので、(B)の punctually「**時間通りに**」が正解だとわかります。

(A)late「遅れて、遅く」、(C)accordingly「それに応じて」、(D)firmly「しっかりと、固く」では、どれも文意が通りません。

**訳**

ツアーグループに参加する方は、旅行に時間厳守でお越し頂かなければ、キャンセル待ちリストの方に席をお譲りする場合があります。

**TOEIC テスト
の筋トレ 147**

punctually は「時間通りに」という意味の副詞です。

# 第148問

次の選択肢の中から正しいものを選びなさい。

In order for The Society of Nature to (　　) the preservation of local wetlands, a renowned environmentalist has been hired as a consultant.

(A) include

(B) amend

(C) alleviate

(D) guarantee

---

#### 単 語 の 意 味

in order for A to 〜 ································ A が〜するために
preservation [prèzərvéɪʃən] ················· 保全、保護
wetland [wétlænd] ································ 湿地
renowned [rɪnáʊnd] ····························· 著名な、有名な
environmentalist [ɪnvàɪərnméntəlɪst] ····· 環境問題専門家

## 解説

**適切な意味の動詞を選ぶ問題です。**

適切な意味の動詞を選ぶ問題は語彙問題と同じで、英文を読んで、全体の意味を考えなければなりません。

「地域の湿地保全を〜ために、自然協会では著名な環境問題の専門家をコンサルタントとして雇った」という英文で、「〜」部分にどの動詞を入れれば文意が通るかを考えます。

（D）の guarantee「〜を保証する、請け合う」であれば、文意が通ります。したがって、（D）の guarantee が正解です。

guarantee は半ば日本語になっている単語なのでさほど難しくはないのですが、英文の意味、ここでは特に preservation の意味がわからなければ正解できません。

パート5は語法とイディオムの問題が4割強を占めています。

なお、（A）include「〜を含む」、（B）amend「（法律など）を修正する、（誤りなど）を改める」、（C）alleviate「（苦痛など）を軽減する」では、文意が通りません。

## 訳

地域の湿地保全を確実に行うために、自然協会では著名な環境問題の専門家をコンサルタントとして雇いました。

---

**TOEIC テストの筋トレ 148**　　パート5の4割以上は、語法とイディオムの問題です。

# 第149問

次の選択肢の中から正しいものを選びなさい。

Fund manager David Day said that his determination to improve investment returns for his clients has never been (　　).

    (A)　fairer

    (B)　stronger

    (C)　wealthier

    (D)　prouder

---

### 単語の意味

**determination** [dɪtə̀ːrmənéɪʃən] ····· 決意、決定
**improve** [ɪmprúːv] ························ ～を向上させる
**investment** [ɪnvéstmənt] ············· 投資
**return** [rɪtə́ːrn] ···························· 収益

**解説**

語彙問題です。

語彙問題は英文を読み、全体の意味を考えなければなりません。

デイビッド・デイさんが言った内容が接続詞 that 以降に書かれています。その部分を読むと「クライアントの運用益を上げようという彼の決意はかつてないほど〜かった」とあります。

選択肢は全て比較級になっています。「have [has] never been ＋比較級」で「かつてないほど〜だ」という肯定的な意味になります。どの単語であれば文意が通るかを考えれば正解がわかります。strong「強い」の比較級である (B) の stronger を入れれば「かつてないほど強かった」となり、意味がつながります。(B) の stronger が正解です。

fair「公正な、妥当な」の比較級である (A) の fairer、wealthy「裕福な、（〜に）富んだ」の比較級である (C) の wealthier、proud「誇りとする、光栄に思う」の比較級である (D) の prouder では、どれも文意が通りません。

strong は簡単な語彙ですが、この種の問題はその単語を知っているかどうかより、英文をきちんと読めるかどうかが試される問題です。

**訳**

ファンドマネージャーのデイビッド・デイさんは、クライアントの運用益を上げようという彼の決意はかつてないほど強いと述べました。

**TOEIC テストの筋トレ 149**　strong は「強い」という意味の形容詞で、比較級は stronger になります。

# 第150問

次の選択肢の中から正しいものを選びなさい。

An official announcement of the acquisition is expected at Westman Industries' (     ) shareholders meeting.

    (A)  frequent

    (B)  limited

    (C)  preferable

    (D)  upcoming

---

### 単 語 の 意 味

**official** [əfíʃəl]······················· 正式な、公式な
**acquisition** [æ̀kwəzíʃən]·········· 買収
**expect** [ɪkspékt]······················ 〜を予期する、予想する
**shareholders meeting**········· 株主総会

**解説**

**語彙問題**です。

語彙問題は英文を読み、全体の意味を考えなければなりません。

「買収の正式な発表は、ウェストマン・インダストリーズ社の〜株主総会で行われる予定だ」という英文で、「〜」部分に何を入れればいいのかを考えます。

(D)の upcoming「もうすぐ行われる、きたる、今度の」であれば、文意が通ります。

upcoming は upcoming merger「近く行われる合併」、upcoming meeting「もうすぐ行われる会議」、upcoming negotiation「もうすぐ行われる話し合い」などのように、ビジネス関連の英文でよく使われます。TOEIC ではパート5以外でも頻繁に使われます。

(A)frequent「頻繁な」、(B)limited「限られた」、(C)preferable「望ましい」では文意が通りません。

**訳**

買収の正式な発表は、ウェストマン・インダストリーズ社の近く開催される株主総会で行われる予定です。

---

**TOEIC テスト
の筋トレ 150**　　　upcoming は「もうすぐ行われる、きたる、今度の」という意味の形容詞です。

第**151**問

次の選択肢の中から正しいものを選びなさい。

Last year, Carrington Beverages was able to boost its sales revenue (　　　) a merger with Redford Foods.

    (A)　within

    (B)　through

    (C)　among

    (D)　between

---

#### 単 語 の 意 味

**be able to ～** ･･････････････････････ ～することができる
**boost** [búːst] ･････････････････････ ～を伸ばす、増やす
**sales revenue** ･････････････････ 総売上高
**merger** [máːrdʒər] ･･･････････････ 合併

**解説**

**前置詞の問題です。**

選択肢にはさまざまな前置詞が並んでいるので、前置詞の問題だとわかります。

前置詞の問題の場合、空欄前後をチェックするだけで解ける問題もありますが、この問題は少し長めに英文を読まなければなりません。

空欄前までで「昨年、キャリントンビバレッジズ社は総売上高を伸ばすことができた」と言っていて、空欄後で「レッドフォードフーズ社との合併」と言っています。これら2つをつなぐことができて、文意が通る前置詞は何かを考えます。

（B）の through「〜を通して」であれば、直訳すると「合併を通して総売上高を伸ばすことができた」となり、文意が通ります。
through は「〜を通して、〜を経て」という意味の前置詞です。
through は「〜を通り抜けて」という意味を問う問題としても出題されます。
（A）within「〜以内に［で］」、（C）among「（3つ以上の）〜の間に」、（D）between「（2つの）〜の間に」では文意が通りません。

**訳**

昨年、キャリントンビバレッジズ社はレッドフォードフーズ社との合併により、総売上高を伸ばすことができました。

---

**TOEIC テスト
の筋トレ 151**　　through は「〜を通して、〜を経て」という意味以外にも「〜を通り抜けて、〜の間中、〜まで」などさまざまな意味で使われます。

# あとがき

　コラムにも書きましたが、この１年はコロナにふりまわされました。

　１年前までは、水曜夜、土曜午前、土曜午後クラスと３クラスを全て生授業で行っていましたし、個別のセミナーも多く行っていました。

　今はコロナの影響もあり、土曜午前クラスで生の授業を行い、それを同時にオンライン配信しています。翌水曜日夜には土曜に撮った画像を録画配信しています。放送局のエグゼティブプロデューサーだった５年前の教室生（TOEIC965点）が撮ってくれていますので、非常に見やすい画像で提供できています。今まで大きな配信事故もありませんでした。

　一度だけ、最後の20分の音声がとぎれたことがありましたが、すぐにその部分を編集してくださり、その日の夜には途切れた部分だけ YouTube で配信することができました。

　ワクチンが出回ってコロナリスクが減っても、今の体制でと考えています。今後、水曜夜に教室に出向くことはないと考えると少し寂しいですが、年齢や体力的なことも考えると、今のやり方があっているように思います。

　土曜クラスもコロナ前は55名入っており、若干レベルを変えて午前と午後の２クラス分の授業をしていたのですが、下のクラスでも 900点以上が出ており、800点以上もかなり出ていたので下のクラスはやめ、１クラスにしました。

　密を避けるため参加者も20名に減らし、窓と入り口のドアは空けて授業を行っています。２カ所をあけておくと風がスース―吹き

抜けます。教室も週に一度しか使っていないので安全です。水曜は業者さんが掃除に入ってくれていますが、その際には机は全て消毒をしてもらっています。

　コロナ禍前は生の授業のみで参加者の人数も多く、前列の席をとるために、1時間前から来て開錠を待つ人が3〜4人はいましたが、コロナ後は、オンライン関連の器材がどんどん増えていき、前方の席を陣取るようになりました。
　それでも2人は前列に座れます。その2席を狙って1時間ほど早く来る人は今もいます。

　本の仕事も、1年半前から減らしています。本書「千本ノック」シリーズは今年で13年目で、初期の3冊も入れると16年目になります。長く書き続けてきた代表作なので、できる限り続けたいと思っています。
　今年は本書に加えて、7月に初心者向けの「炎の千本ノック」、秋には「単語本」を出版する予定です。単語本は3年前から手掛けていて、すでに8割はできあがっています。

　水曜、木曜、土曜2クラス、連休には東京と大阪の2カ所で単発のセミナー、本も年間4〜5冊執筆──長い間、忙しく動き回ってきました。
　ずっと走り続けてきたので、これからは自分のための時間を確保し、なにか没頭できる趣味を探したいと思っています。ちなみに今年は、英語とまったく関係のない分野の本の翻訳を手掛けます。5月からは趣味のひとつとして、オンラインで「ライトノベル」の書

き方を学ぶコースを受講する予定です。

　2004 年 7 月から書き始めたメールマガジンも 17 年目を迎えます。メールマガジンが読まれる時代ではなくなったのですが、今も週に 2 度発行しています。

メールマガジン　https://www.sumire-juku.co.jp/mail-magazine/

　他にツイッターやフェイスブックにも書き込んでいます。SNS全盛の時代になり、メールマガジン以外にもツイッター、フェイスブック、さらにユーチューブと大変です。

ツイッター　https://twitter.com/sumirejuku
フェイスブック　https://www.facebook.com/sumirejuku/
ユーチューブ　https://www.youtube.com/channel/UChf34qghflPrL39-4voAz9g

　私の教室はスパルタではありますが、短期間で大幅に点数を UPさせている方が多く、口コミでのビジネスパーソンが多いです。今は無理なく続けられる方法を模索中ではありますが、まだまだビジネスパーソンの「駆け込み寺」として期待されているようなので、あとしばらく頑張ります。

2021 年 5 月
中村澄子

メールマガジン

ツイッター

フェイスブック

ユーチューブ

# 問　題
# INDEX

本書の151問を内容別に並べました。
学習の復習にご活用ください。

※数字は問題の番号です。ページ数ではありません。

# 単 語
# INDEX

「単語の意味」に出てくる重要単語・熟語類を
アルファベット順に並べました。数字はページ数です。
チェック欄も利用して、
学習のまとめ・単語の総整理などにお使いください。

## ★読者のみなさまにお願い

この本をお読みになって、どんな感想をお持ちでしょうか。祥伝社のホームページから書評をお送りいただけたら、ありがたく存じます。今後の企画の参考にさせていただきます。また、次ページの原稿用紙を切り取り、左記まで郵送していただいても結構です。

お寄せいただいた書評は、ご了解のうえ新聞・雑誌などを通じて紹介させていただくこともあります。採用の場合は、特製図書カードを差しあげます。

なお、ご記入いただいたお名前、ご住所、ご連絡先等は、書評紹介の事前了解、謝礼のお届け以外の目的で利用することはありません。また、それらの情報を6カ月を越えて保管することもありません。

〒101-8701 （お手紙は郵便番号だけで届きます）
祥伝社　書籍編集部　編集長　栗原和子
電話03（3265）1084
祥伝社ブックレビュー　www.shodensha.co.jp/bookreview

## ★本書の購買動機（媒体名、あるいは○をつけてください）

| 知人の<br>すすめで | 書店で<br>見かけて | の Web を見て | の書評を見て | ＿＿＿＿誌<br>の広告を見て | ＿＿＿＿新聞<br>の広告を見て |
|---|---|---|---|---|---|

★100字書評……1日1分！ TOEIC L&Rテスト 炎の千本ノック！ パート5徹底攻略

名前

住所

年齢

職業

1日1分！　TOEIC® L＆Rテスト

炎の千本ノック！ パート5徹底攻略

令和3年6月10日　　初版第1刷発行
令和5年4月10日　　　　第2刷発行

著　　者　　中　村　澄　子

発行者　　辻　　　浩　明

発行所　　祥　伝　社

〒101-8701
東京都千代田区神田神保町3-3
☎03（3265）2081（販売部）
☎03（3265）1084（編集部）
☎03（3265）3622（業務部）

印　刷　　萩　原　印　刷

製　　本　　ナショナル製本

ISBN978-4-396-61758-5　C2082　　　　Printed in Japan
祥伝社のホームページ・www.shodensha.co.jp

©2021, Sumiko Nakamura

# 祥伝社のベストセラー

中村澄子

**1日1分！ TOEIC® L&Rテスト
炎の千本ノック！**

「時間がない。だけど点数は出したい」あなたのための問題集です。

中村澄子

**1日1分！ TOEIC® L&Rテスト
炎の千本ノック！ 2**

著者が自ら毎回受験。だから最新の出題傾向と頻出単語がわかる。

鹿島　茂

**この1冊、ここまで読むか！
超深掘り読書のススメ**

楠木建、成毛眞、出口治明、内田樹、磯田道史、髙橋源一郎…今読むべきノンフィクション。

暦本純一

**妄想する頭　思考する手
想像を超えるアイデアのつくり方**

「妄想＝やりたいこと」を実現するための思考と戦略。

池上　彰

**考える力と情報力が身につく
新聞の読み方**

新聞は考える武器になる！　確実に差がつく「読み方」とは？

メンタリスト
DaiGo

**超影響力
――歴史を変えたインフルエンサーに学ぶ人の動かし方**

「私も最初は無名でした」これが、"DaiGo"を創り上げた手法です。

# 祥伝社新書

# 祥伝社黄金文庫